EL ARTE DE REINVENTARTE

Henry Munar

El Arte de Reinventarte
Henry Munar

ISBN: 978-958-58399-6-0

Prólogo:
Olga Lucia Gallego

Corrección y Estilo:
Sandra Pinzón Silva
sapinsi@gmail.com

Diseño Carátula:
Oscar García
Brightside Studio NYC
info@brightsidestudio.org

Diagramación:
Departamento de Diseño
Editorial Corcultura

Primera Edición Colombia (Mayo 2022)

© CORCULTURA
www.corcultura.org

Impreso en Colombia - Printed in Colombia

Índice

Agradecimientos

A Nathaly, mi esposa, no solo por su aporte a este trabajo, sino porque ha sabido inspirarme y acompañarme en esta aventura de vida y de transformación humana, tallándonos siempre, puliendo nuestra mejor versión; a Emmanuel, nuestro hijo, cuya energía nos ha impulsado cada día en esta búsqueda, en este viaje y por supuesto, al Dios creador del universo por tener esta idea con nosotros.

Prólogo

Tener en tus manos literalmente un manual de reingeniería de procesos a nivel personal es una joya.

En este Libro que Henry Munar de manera práctica y elocuente, nos da una fuente de inspiración con ejemplos y metodología de como hacer una reinvención personal, te ahorrará un camino largo y además costoso en emociones y dinero.

Solo salimos de nuestra zona de confort si se nos presiona de una manera drástica. Los seres humanos nos quedamos donde nos sentimos cómodos y seguros, por que finalmente era lo que estábamos buscando.

No tenemos plan A ni plan B porque en ese momento no visualizamos ninguna perdida, sin embargo querido lector, la noticia que nos recuerda el autor es que lo único constante en el universo es el cambio.

Cuando tenemos ya visualizado casi con plenitud y recogiendo algunos grandes frutos invertidos, la vida, la empresa, la pareja, el empleo nos cambia, lo perdemos, vemos nuevamente un camino vacío, un banco sin fondos y números en rojos, la vida, el universo parece que conspira en nuestra contra, nos da un vuelco total y reiniciar , reinventarnos es absolutamente necesario.

¿Qué tienes tú, en común con las historias que el autor nos plasma?

¿Qué hábitos puedes modificar?

Luego de mi experiencia de vida, entendí que la zona de confort es la zona del horror.

En esta edición lograras ver de manera explicita que debemos tener en cuenta para desarrollar una buena obra de Reingeniería personal.

Poder entender básicamente cómo inicio de nuevo, cómo me paro de la cama, hago lo planeado y no aplazo, desde dónde tomo fuerzas y poder desde estas herramientas de marca personal, de la educación financiera y demás capítulos de este libro hacer un cambio muy significativo en nuestro camino, actitud y lograrlo.

Claramente vas a entender porque el poder de los pensamientos puede trasformar de manera tangible mis creaciones, mis relaciones, mi estado de ánimo y los resultados de cualquier objetivo.

Que si nos victimizamos, nunca vamos a entender sobre cada fracaso, sobre cada empleo perdido, sobre cada emprendimiento fallido ni sobre cada relación quebrada. ¿Por qué no logro ver la lección en cada historia de éxito o de fracaso?

Este libro te dará las respuestas y las herramientas fundamentales para entender claramente dónde estoy y en dónde debo avanzar, ayudará a llevarte a la acción y a crear conciencia de tus áreas de oportunidad.

Logrará hacerte ver desde que lugar estás frenando tu avance, desde donde puedes iniciar y podrás visualizar si, donde estás parado solo es tu área de confort y bajo que riesgo sigues ahí.

Podrás ver desde la oscuridad qué debemos aprender o reaprender y nuevamente recordarte que lo único constante en la vida es el cambio.

Olga Lucia Gallego. Mentora y Conferencista

Manchester UK, Enero 2022

Introducción

*"No es el más fuerte de las especies el que sobrevive,
tampoco es el más inteligente el que sobrevive.
Es aquel que es más adaptable al cambio"*

Charles Darwin

Sin duda alguna, el año 2020 para muchos, será recordado como el año "cero" o, el año de la "pandemia"; como varios líderes ya lo han manifestado, la pandemia COVID-19 (y sus variantes) ha sido un evento sin precedentes en esta generación pues, nos deja un impacto social, económico y político, que inminentemente, nos fue obligando a redefinirnos de forma integral, personalmente y a nivel mundial.

Ese año particularmente y gracias al confinamiento causado por la aparición del COVID-19, muchos empleos desaparecieron, muchos negocios cerraron y muchas personas alrededor del mundo se vieron obligadas a buscar nuevas alternativas de sustento, o por lo menos, nuevas alternativas de promocionarse, y eso nos llevó necesariamente a poner de moda términos como reinventarse, redescubrirse o mejor aún, el tema que da origen a este trabajo: Reingeniería personal; y todo en aras de no desaparecer del mercado, o en el mejor de las casos, por el hecho mismo de aprovechar la situación coyuntural para aparecer en la escena pública comercial. Sin embargo, esta situación clínica solo aceleró un proceso que ya venía sucediendo.

Día a día, más puestos de trabajo se pierden gracias a la evolución misma de las tecnologías, y la mano de obra básica, cada vez pierde más valor; sin embargo, me atrevo a opinar que esto de reinventarse, por lo menos en el caso de los latinos, no es algo tan nuevo; siempre hemos vivido del rebusque, buscando oportunidades para emprender, para mejorar nuestra calidad de vida; por eso, es necesario, estar en evolución y crecimiento personal constantes, reconocer que nunca somos producto terminado y que la competencia en cambio, al igual que el mundo, no se detiene.

Como en cualquier época de la historia, queda demostrado que detrás de las crisis se esconden las oportunidades, y así como algunos emprendedores fueron visionarios y crecieron y se fortalecieron, otros muchos quebraron, incluso grandes empresas multinacionales se habían declarado en bancarrota antes de la primera mitad del año.

Yo, personalmente, utilicé esta época de mi vida para fortalecer algunas de mis habilidades, aprovechando las ventajas de la virtualidad y el tiempo que sí o sí, debíamos estar en aislamiento; así logré mantener mi empresa a flote y de paso agregué contenido de valor a mi currículo con un par de certificaciones y diplomados.

Sin embargo, tristemente, tuve que presenciar a muchos amigos y conocidos cómo perdían sus empleos, o cuyos negocios no prosperaron y se vieron obligados a "hacer algo, porque el mundo cambió y hay que adaptarse a la nueva normalidad".

Bien sea, que tu caso esté en este contexto, o recién estés pensando como proyectarte en el mundo real de manera profesional, este compilado de ideas, consejos y experiencias serán herramientas útiles que podrás utilizar en el proceso de creación o de transformación que llamamos reingeniería y que sacará tu mejor versión.

Capítulo 1
Reingeniería Personal

Howard Schultz, nació el 19 de julio de 1953 en el seno de una familia judía de bajos recursos en Brooklyn, Nueva York. Cuando tenía 7 años, su padre se rompió el tobillo mientras trabajaba como repartidor de pañales. A raíz de este accidente, fue despedido y la familia se quedó sin ingresos para pagarse sus estudios, Howard consiguió préstamos estudiantiles y aceptó varios trabajos en diversos oficios; y, de vez en cuando, vendía su sangre para ganar algo de dinero extra. Pese a todo, se convirtió en la primera persona de su familia que recibió educación superior. A pesar de tener una historia difícil y de mucha lucha, principalmente en la infancia, período en que Schultz vivió en casas populares en Brooklyn, él no permitió que eso fuera un obstáculo para estudiar y cambiar de vida.

Después de haberse licenciado en comunicación, Howard Schultz obtuvo varios empleos incluyendo uno en un negocio de artículos para el hogar, donde ascendió de puesto en puesto hasta llegar a ser vicepresidente y luego director general, liderando a un equipo de vendedores en una tienda de herramientas que tenía como clientes a Gerald Baldwin y Gordon Bowker, los entonces dueños de Starbucks, un negocio que, en esa época, se dedicaba a comercializar granos y máquinas para café. En 1981, Howard los convenció de contratarlo como director de ventas y marketing, y allí, la aventura recién inició, Schultz dejó su cargo de director para abrir su propia compañía de café inspirada en la tradición italiana que ofrece una relación cercana del barista con el cliente, algunos años después, cuando Starbucks pasó por dificultades financieras, la compró.

Su mirada visionaria hizo que se diera cuenta de que no podía continuar solo con las 6 tiendas que tenía y, así, en 5 años, abrió 165 tiendas. Después, el proceso de expansión fue solo ampliándose hasta llegar al imperio que Starbucks es hoy.

La reingeniería personal, es un proceso de cambio de estructuras del pensamiento y del comportamiento del individuo, tratando de alcanzar un balance del grado de satisfacción o insatisfacción con lo que la vida le devuelve; reinventarse siempre es algo provocado, por lo general, no cambiamos si no se nos obliga a ello, es muy diferente de la adaptación. Si hace frío y nos protegemos buscando calor, nos adaptamos a las distintas situaciones del medio, o a los cambios físicos.

La reinvención es otra cosa, y tiene lugar cuando una persona ha de enfrentarse a un cambio importante en su vida o su entorno, negativo o positivo, que suele ocurrir de forma inesperada. Las personas que se divorcian tienen que regresar al papel de soltero o soltera, y eso requiere un esfuerzo. En las crisis también hay ejemplos de personas que descubren que pueden tener otra profesión y que han puesto toda su energía y su esperanza en conseguirlo y han tenido éxito. Es una muestra de cómo el ser humano tiene la capacidad de adaptarse y de reinventarse cada vez que así lo desee, como respuesta a las situaciones que se le presenten, y es que la vida, siempre se trata de eso. No de lo que te sucede, sino de cómo reaccionas a ello, de lo que haces con lo que te sucede.

En las sociedades del pasado, sin embargo, no era tan necesario cambiar continuamente; es más, resultaba preferible mantenerse fiel a un método, unas costumbres y unas ideas que proporcionaban una cierta estabilidad; pero los tiempos y las personas se han transformado, y ahora el cambio perpetuo es un valor incalculable.

Sin importar la época de la historia que quieras revisar, vas a encontrar personajes que ya sea por una pandemia, por un cambio en la economía, por una transformación política, social o por un revés personal, han tenido que cambiar la manera de hacer las cosas y encontrar formas diferentes de salir adelante. Ellos entendieron que la verdadera reinvención no consiste en cambiar las actitudes, sino en modificar las conductas Un cambio que también se traduce en la creación de un nuevo yo, o en el redescubrimiento de facetas de nuestra vida que creíamos olvidadas.

En estas páginas, no solamente vas a encontrar algunas de esas historias, sino que, vamos a desglosar algunas de las habilidades y herramientas emocionales y sociales que han usado estas personas en sus procesos de reingeniería personal, enseñándonos que lo que somos o hemos sido puede ser cambiado, todo es un asunto de voluntades. La transformación debe emerger desde nuestro interior, es hacer una fehaciente revisión y alinearse con los principios universales que rigen a la humanidad.

Rehacer es corregir, es aprender a desaprender. No es una

tarea fácil, porque nuestro ego es muy fuerte y cuesta mucho aceptar que hay partes de nosotros que debemos cambiar y ese enfrentamiento es arduo, es un batallar. Esta es pues, una invitación a que eliminemos esos viejos paradigmas que ya en nada nos pueden ayudar, busquemos nuevos modelos que nos impulsen a triunfar, a caminar por la vida plenos de conocimientos, cualidades y valores, ya que la vida es una sola oportunidad, un pequeño intervalo que no debemos desperdiciar. Comprendamos que nadie nos hará felices, porque la felicidad está en cada uno, y cada cual la debe buscar. No hay tiempo para perder, sino tiempo para vivir, para crecer, para amar y ser amado.

Reinventarse, significa cambiar la dirección de tu vida. Significa tomar un nuevo conjunto de decisiones y forjar un nuevo camino que amplíe las oportunidades, las opciones y las posibilidades. Sin embargo, para cambiar tu vida, primero debes comenzar por cambiarte a ti mismo. Y para cambiarte a ti mismo es necesario pasar por un proceso de autodescubrimiento. Un proceso de autodescubrimiento puede implicar encontrar nuevas formas de pensar o de hacer las cosas. Podría incluir establecer nuevos hábitos y rutinas que amplíen sus opciones o le ayuden a adaptarse a la adversidad y a los reveses de manera óptima.

Reinventarte a ti mismo, también puede significar establecer un nuevo conjunto de metas y objetivos, y luego trazar un plan para alcanzarlos. Esto, por supuesto, requerirá la construcción de un nuevo conjunto de patrones y comportamientos que estén alineados con las metas que deseas alcanzar. Reinventarte a ti mismo, requiere, sin embargo, algún sacrificio. Quizá, necesites renunciar a cosas a las que te has estado aferrando durante muchos años. De la misma manera, es posible que necesites reunir el valor para hacer cosas que normalmente no te sientes cómodo de perseguir. Esto también requerirá una gran cantidad de energía mental, planificación y enfoque, pero no te asustes, que, si bien plantea retos, también trae grandes beneficios; El reinventarnos nos saca de la parálisis y nos lleva a la acción, nos prepara para emergencias y saca a flote lo mejor de nuestra capacidad y resiliencia.

El objetivo de este libro, es estudiar algunas historias de éxito que seguramente van a inspirarnos, a la vez que analizamos algunas de esas habilidades y herramientas que todos tenemos y que ellos usaron en su beneficio; hablo de cosas tales como:

1. El autoconocimiento: conocerse uno mismo permite saber lo que queremos en la vida, ya sea en grandes proyectos o en el día a día. También, permite saber gestionar mejor nuestras emociones, incluso en las situaciones más difíciles. Además, el autoconocimiento está muy relacionado con la inteligencia emocional, ya que, saber interpretar nuestras emociones está relacionado con la autorreflexión y la mejora de la salud mental. Por otro lado, conocerse a uno mismo, también es muy importante para el desarrollo personal. Esto nos ayuda a ponernos unas metas realistas y saber identificar en qué trayectoria de nuestra vida nos encontramos; por este motivo, es esencial en algunas etapas de la vida dónde nos surgen muchas dudas. En definitiva, mejorar el autoconocimiento servirá para cuidar nuestro bienestar general

2. La imagen personal: la imagen personal, es nuestra carta de presentación. Refleja la manera en que queremos relacionarnos con el mundo y con los demás. Decimos más con el cuerpo que con las palabras y somos más sinceros;

Por otro lado, la buena presencia, ser y sentirse agradable a la vista de los demás, hace a las personas más seguras de sí mismas, lo cual, mejora su desarrollo personal, profesional y social. Tu Imagen Personal es el contacto interno que tienes en todo momento con tu Ser. Dependiendo qué tan bien te llevas contigo mismo, qué tanto afecto sientes por ti, cómo te hablas en lo interno, será el reflejo de tu Aspecto Personal. El cuidado de tu imagen es una de las claves para el éxito.

3. La forma en la que comunicas tus ideas: como afirmo en mi libro anterior: "El arte de hablar en público - una experiencia fascinante": La comunicación es la llave maestra que abre todas las puertas en el universo de las oportunidades. Y aquí, nada tiene que ver el idioma. Son: la comunicación asertiva, la persuasión, el poder de convencimiento, los que marcan la diferencia.

La manera en que las personas de éxito utilizan su cuerpo y su voz para transmitir emociones o ideas, no es la misma que usan las personas del común. El lenguaje corporal y la entonación utilizadas de manera consciente, te brindarán resultados diferentes. La comunicación asertiva es una habilidad social de gran valor, que está asociada a la inteligencia emocional y a la capacidad para comunicarse de manera armoniosa y eficaz con los demás.

4. Tu habilidad de liderazgo y trabajo en equipo: el liderazgo, consiste en toda acción que influye en otra persona un comportamiento voluntario para cumplir un objetivo. Cuando ese liderazgo se lleva a cabo en un grupo de personas, entonces se convierte en trabajo en equipo; y resulta que esta es una habilidad imprescindible en este nuevo universo de oportunidades.

5. El conocimiento de nuevas plataformas: de la misma manera que existe un protocolo para los encuentros físicos con personas, existe un protocolo que se debe utilizar al hacer "contacto" electrónico. Este protocolo ha sido impulsado por los propios usuarios de Internet para aportar mayor seguridad y humanidad a la comunicación y así combatir problemas de la red, tales como el fraude, el spam (mensajes o correo 'basura') y las noticias falsas, el conocimiento de las nuevas plataformas, las oportunidades que dichas plataformas ofrecen y cómo comportarte en ellas te abrirá la puerta, sin duda, a un mundo sin límites lleno de posibilidades.

6. Tu marca personal: cuando hablamos de marca personal, no solo nos estamos refiriendo a las aptitudes o prácticas profesionales, que son también muy importantes, sino, además, incluye una combinación de habilidades y experiencias que te hacen ser tú. La marca personal es la huella que dejamos en los demás y el recuerdo que estos tienen de nosotros. Por lo que podríamos decir que la marca personal es nuestra trayectoria; todo aquello que ha hecho que seas quién eres y que seas reconocido o "desconocido" en el ámbito en el que te desenvuelves. Con la penetrante influencia de las nuevas tecnologías y las redes sociales se hace más que necesario ofrecer una marca personal a terceros, capaz de ofrecer un mensaje transparente sobre tu identidad y valor.

7. Tus enemigos acérrimos: Es tan importante saber lo que tenemos que hacer, como aquello que debemos evitar para lograr el éxito; los enemigos invisibles del éxito impactan en los procesos, las ventas, la productividad y se pueden estar relacionando en cada uno de los aspectos de tu negocio o tu vida por una sencilla razón, habitan en ti, en tu mente,

tu forma de ser o tu emoción, y puedes estar habituado a ellos, incluso inconscientemente. Dedica tiempo, trabaja en tus hábitos, seguridad personal y autoestima, enfrenta aquellos espacios mentales y emocionales que te detienen, para que alejes a los enemigos del éxito de tus hábitos y procesos.

8. Tus herramientas más valiosas: de la misma manera en que debemos reconocer al enemigo para poder vencerlo, hemos de ser conscientes de la caja de herramientas que poseemos intrínsecamente como seres humanos para ayudarnos a superar los momentos de crisis y sacar a relucir nuestra mejor versión. La resiliencia, la asertividad y la flexibilidad mental son mucho más que conceptos meramente motivadores.

9. Tus hábitos financieros: la educación financiera es la capacidad de cualquier persona, a cualquier edad, de entender cómo funciona el dinero y cómo afectan sus decisiones financieras (ahorro, inversión y protección) a su calidad de vida presente y futura. El objetivo de la educación financiera es que pongas en marcha un plan para alcanzar la independencia financiera, incluso antes de jubilarte; que alcances los objetivos y metas que te fijes por el camino antes de tu jubilación (tener vivienda, formar una familia, dar educación a tus hijos, etc.).

Todo fluye, nada es permanente y, aun así, algo nos pertenece mientras lo podamos disfrutar. En consecuencia, comencemos a reconocer nuestros errores, a caminar con pasos firmes antes de dejar de lado la arrogancia y la soberbia. Cultivemos nuevos hábitos, nuevos valores y atrevámonos juntos a conocer este arte de reinventarnos. Vamos a ver que necesitamos para lograrlo.

Capítulo 2
Autoconocimiento y Propósito de Vida

"Tu trabajo va a llenar gran parte de tu vida, la única manera de estar realmente satisfecho, es hacer lo que creas que es un gran trabajo, y la única manera de hacerlo es amar lo que haces. Si no lo has encontrado aún, sigue buscando. Como con todo lo que tiene que ver con el corazón, lo sabrás cuando lo hayas encontrado"

Steve Jobs

Steve nació el 24 de febrero de 1955 en San Francisco, California. Sus padres bilógicos fueron dos adolescentes que no disponían de medios para tenerlo, y fue entregado en adopción al matrimonio formado por Paul y Clara Jobs, una pareja de clase media. Estudió en el Instituto Homestead de Mountain View, y posteriormente ingresó en la universidad de Oregon, pero abandonó los estudios recién en el primer semestre.

Al regresar de un retiro espiritual en la India, logró obtener un contrato como diseñador con Atari, compañía pionera de la por entonces naciente industria de los videojuegos. Eventualmente, se convirtió en socio del ingeniero Steve

Wozniak, quien al fijarse en el potencial del ordenador doméstico en el que trabajaba su amigo, crearon la primera oficina de Apple, en el garaje de la Familia Jobs.

La historia para alcanzar el éxito que Steve Jobs disfruta hoy, ha pasado por muchos altibajos que incluyen hasta una renuncia a su propia empresa, debido a sus tácticas de ventas, consideradas muy agresivas. Sin embargo, este hombre no desistió ante nada, después de salir de Apple, creó una empresa de desarrollo de software que fue comprada por la gran manzana después de 10 años. Adquirió la división de animación de la productora del cineasta, Lucas film, la reinventó y en 1986 nacieron los estudios de animación Pixar, centrados en la producción por ordenador de películas de dibujos animados.

Steve Jobs regresa a la presidencia de Apple en 1996 y en agosto de 1997, anunció un acuerdo por 150 millones de dólares con la corporación rival, Microsoft. Apple comenzó a desplegar su potencial de creatividad e inventiva en otros ámbitos, conjugando, como siempre había hecho, las novedosas funcionalidades con la máxima simplicidad de uso y elegantes diseños minimalistas. El primero fue la música digital, pues en 2001 desembarcó en el sector musical con un reproductor de audio de bolsillo, el iPod, y dos años después creó la tienda musical iTunes, que lideró la venta de música en línea.

En 2004, los problemas de salud obligaron a Jobs a apartarse de su trabajo, ya que, fue tratado de un supuesto cáncer de páncreas. Posteriormente, en el año 2007 presentó el iPhone, primero de la familia de teléfonos inteligentes de alta gama desarrollados por Apple. Jobs sostuvo el cargo como CEO hasta 2011, unos meses antes de morir.

Ninguna persona está exenta de sufrir alguna situación de quiebre en la vida (sino todas), tal como, muchas de las que tuvo este hombre, y no importa si se trata de un revés económico, un abandono, o pérdida emocional, o una enfermedad terminal; importa cómo reaccionas y qué es lo que decides hacer con ello. Sin duda, conocerte, conocer tus recursos emocionales y poder identificar tus emociones, te permitirá gestionarlas positivamente y ver la vida con un prisma diferente en momentos de crisis. Este auto conocimiento, además, es lo que nos permite entender y desarrollar nuestro propósito en la vida.

El autoconocimiento, es una de las claves del desarrollo personal y, a la vez, es uno de los principios básicos para poder regular las emociones, relacionarse con los demás, luchar por nuestros objetivos; en general, para reinventarte, primero tienes que saber quién eres.

El autoconocimiento, es clave para el bienestar psicológico de las personas, puesto que, aquellas que se conocen mejor, saben lo que quieren en la vida, no solo en los grandes proyectos, sino en las cosas cotidianas de la vida; y es que las personas que se conocen bien saben gestionar mejor sus emociones, incluso en los momentos de mayor dificultad; el mundo que les rodea puede desestabilizarse, pero no así, su mundo interior. De hecho, uno de los conceptos de la Psicología que mayor repercusión ha tenido en las últimas décadas, es la Inteligencia Emocional, y el autoconocimiento, es el punto de partida para poder convertirse en una persona emocionalmente inteligente.

Los antiguos griegos ya sabían esto, de hecho, "Conócete a ti mismo" es uno de los más famosos aforismos de la antigüedad griega de todos los tiempos. Se encontraba inscrito, según diversos testimonios, en el templo de Apolo, sitio en la ciudad griega de Delfos; significa, que la principal necesidad de una persona para acceder a la sabiduría, es el autoconocimiento.

Conocer las propias emociones y saber qué significado tienen para nosotros, está íntimamente relacionado con la autorreflexión y la mejora de la salud mental. El autoconocimiento, también es clave en el desarrollo de las personas, y es esencial en algunas etapas de la vida, porque si no sabemos quiénes somos, la confusión no nos permite ver el futuro con claridad. Mejorar el autoconocimiento, es el punto de partida para iniciar nuestro proceso de reingeniería.

Entonces, ¿Qué se puede hacer para mejorar el autoconocimiento? En las siguientes líneas hay algunos ejercicios que te pueden ayudar a descubrirte, si todavía no te conoces.

1. Escribe un diario

Escribir un diario puede ayudarnos a conocernos a nosotros mismos. Es bueno, porque nos hace pensar qué es lo que hemos hecho durante el día, y puede ayudarnos a entender cómo nos hemos sentido. Pero, además, si volvemos a leer lo que vamos escribiendo, puede aportarnos feedback sobre cómo somos.

Existe un tipo de diario que se llama "diario emocional", que está destinado precisamente a mejorar el autoconocimiento de nuestras emociones. Este tipo de diario consiste en escribir cómo nos hemos sentido a lo largo de la jornada, es decir, que no solamente se escribe lo que nos ha pasado, sino que, es necesario reflexionar sobre nuestros sentimientos y emociones. Para llevarlo a cabo, puedes hacerlo durante 10 minutos justo antes de acostarte. No es mucho tiempo, y puede hacerte más consciente emocionalmente.

2. Anota tus virtudes y tus defectos

Podría parecer que todos nos conocemos, pero en realidad, son muchas las personas que nunca han reflexionado sobre sus virtudes y defectos. De hecho, hay personas que van a una entrevista de trabajo y cuando el reclutador les pide que se describan, o que resalten sus puntos fuertes o débiles, se quedan en blanco.

Para evitar esto, y conocerte mejor, puedes ir colocando en una lista tus virtudes y tus defectos, pues te hará pensar sobre quién eres y las cualidades que posees. Esto también puede ser útil a la hora de buscar trabajo o decidir qué estudios debes cursar. Por otro lado, ten en cuenta, que no hay un modo objetivo de hacer bien esta tarea, solo el tuyo, de modo que, no te obsesiones: el mejor juez sobre este tema es uno mismo.

3. Anota tus pasiones

A la hora de elegir un trabajo, o lo que quieres estudiar, también es interesante que valores cuáles son tus aficiones y tus pasiones, es decir, qué actividades o trabajos te hacen sentir en "estado de flow" cuando los practicas. Conocer nuestras pasiones, puede ayudarnos a mejorar nuestra automotivación y nuestra felicidad.

Haz una lluvia de ideas de las actividades que te resulten significativas y gratificantes. Tómate unos minutos para pensar en todas las actividades regulares en las que de por sí participes y anótalas. Esto puede abarcar cosas como tus pasatiempos, tus obligaciones laborales, o cualquier otra cosa que te haga feliz. Presta atención en particular a las actividades que hagan que pierdas la noción del tiempo, ya que esto suele indicar que las disfrutas.

En caso de que seas bueno en algo por naturaleza, o hayas trabajado para desarrollar un conjunto de habilidades, quizás, sea una pista de que en realidad te apasiona.

Haz una lluvia de ideas de las cosas para las que tengas talento (por ejemplo, la fotografía, la oratoria o tocar un instrumento). Aunque no consideres tener un talento, presta atención a cuando los demás te hagan un cumplido sobre algo, aunque no creas que sea bueno. Es posible que no hayas notado que tienes aún más talento de lo que crees.

4. Haz tu rueda de la vida

Una dinámica muy conocida y utilizada en PNL para mejorar el autoconocimiento de uno mismo, es lo que se conoce como "la rueda de la vida".

Es una técnica de desarrollo personal que consiste en hacer un círculo y elegir 10 áreas de tu vida que quieras cambiar o mejorar.

La rueda de la vida te invita a reflexionar sobre los diferentes aspectos que forman parte de tu vida: tus amistades, familia, trabajo, ocio, etc.

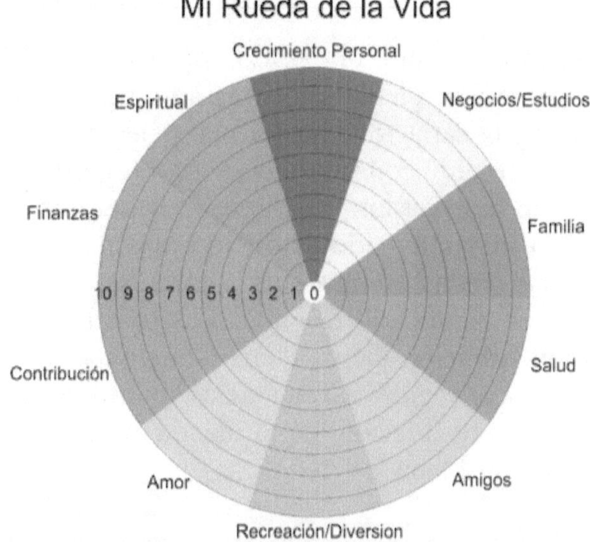

También, te hace reflexionar sobre tus prioridades, puesto que, una vez que has elegido los puntos de tu vida que consideras fundamentales, debes asignarles un número en función del orden de preferencia para ti. Después, puedes comenzar a escribir las acciones que llevarás a cabo para transformar tu vida. Esto te permite conocer tu presente, pero también saber qué futuro quieres.

5.Pídele a alguien una descripción sobre ti

Muchas veces pensamos que nos vemos igual que los demás nos ven, y no siempre es así. A veces, los demás nos ven de otra manera y puede chocarnos; por eso, para mejorar nuestro autoconocimiento, podemos pedirles a nuestros amigos que nos describan cómo nos ven. Así podemos hacernos una imagen más realista de lo que proyectamos.

6. Practica Mindfulness

Otra práctica que mejora la gestión emocional es el Mindfulness o Atención Plena, que consiste en mejorar la autoconciencia y la capacidad atencional y permite aprender a estar en el presente con una mentalidad no enjuiciadora, de aceptación, compasión y de apertura a la experiencia. Este vocablo ingles ha sido traducido al español en diferentes formas, todas compuestas a falta de una palabra que dé con el significado original. Las traducciones más comunes son Atención Plena, Plena Conciencia, Presencia Mental Presencia Plena y Conciencia Abierta, entre otras. Emplearemos la traducción más utilizada en este momento que es "Atención Plena".

Este tipo de atención nos permite aprender a relacionarnos de forma directa con aquello que está ocurriendo en nuestra vida, aquí y ahora, en el momento presente.

Es una forma de tomar conciencia de nuestra realidad, dándonos la oportunidad de trabajar conscientemente con nuestro estrés, dolor, enfermedad, pérdida o con los desafíos de nuestra vida. En contraposición, una vida en la que no ponemos atención, en la que nos encontramos más preocupados por lo que ocurrió o por lo que aún no ha ocurrido, nos conduce al descuido, el olvido y al aislamiento, reaccionando de manera automática y desadaptativa.

La atención plena, nos ayuda a recuperar nuestro equilibrio interno, atendiendo de forma integral a los aspectos de la persona; cuerpo, mente y espíritu. Practicando la atención plena desarrollamos una mayor capacidad de discernimiento y de compasión. La práctica de esta atención abre la puerta hacia nuevas posibilidades, nos trae al aquí y al ahora, nos invita a vivir una vida de manera plena y en el presente.

7. Opta por el coaching

El coaching individual no es una sesión de consejería, ni de psicología o de psicoterapia. Es un espacio en el que, a través de preguntas, se pretende identificar la causa raíz de aspectos de la vida, que tienen a una persona preocupada, molesta e inconforme; limitándola e impidiéndole desarrollar su potencial.

El proceso de coaching también ha mostrado ser eficaz para mejorar el autoconocimiento, planificar mejor las metas que queremos perseguir y empoderarnos frente a la vida, con una visión más realista y adaptativa.

Por tanto, para mejorar el autoconocimiento, es posible contratar los servicios de un Coach o un psicólogo especializado en este ámbito que te acompañe en el proceso de descubrimiento personal. Igual que el Mindfulness, el coaching también tiene una serie de beneficios para el bienestar y el crecimiento personal.

El coaching personal es una conversación constructiva entre dos personas en la cual de un lado se encuentra el "coach", el profesional, mientras que en el otro extremo está el "coachee", es decir, el cliente y destinatario de las sesiones. Entre ambos se establece un proceso de construcción mediante el cual, el coach, gracias a un conjunto de recursos ontológicos, acompaña, motiva y asiste al coachee a alcanzar aquellos resultados deseados, ya sean estos de índole personal o profesional.
A través de las sesiones, se ejerce un diálogo constructivo

muy especial, en el cual se desarrollan el pensamiento y la percepción necesarias para experimentar aquellos cambios profundos y duraderos, necesarios para llegar al objetivo buscado.

En esta relación, por lo general, el cliente recurre a un coach, debido a que, hay algo que lo inquieta, una situación presente que le aporta insatisfacción, o bien, un resultado que no sabe cómo alcanzar. El coaching personal puede ayudarte a mejorar ciertos aspectos negativos de tu vida, obteniendo así una existencia más plena, ejerciendo un auténtico liderazgo sobre ella.

Propósito de vida

Por otra parte, está el Propósito de Vida; en lo personal, creo que el propósito de vida no es algo que se encuentra, sino algo que se construye; es decir, optar una actitud pasiva frente a descubrir lo que te apasiona, no es el mejor plan para construir una vida ejemplar. Un propósito de vida es la razón o razones por las que te levantas en la mañana, aquellas motivaciones intrínsecas que dan un sentido de dirección y significado a la propia existencia.

En su libro "Una vida con Propósito" Rick Warren va mucho más allá; el afirma:
"No tiene nada que ver con usted. El propósito de su vida es excesivamente mayor que su realización personal, que su paz mental, e incluso, que su felicidad. Es excesivamente mayor que su familia, que su profesión y que sus mayores sueños y ambiciones. Si quiere saber por qué fue puesto en este planeta, tiene que empezar con Dios. Usted nació debido a Su propósito y para Su propósito."
Lo cierto es, que de nada sirve sentarse a pensar que estás

desperdiciando tu vida, asumiendo que los demás tienen resuelto su futuro, mientras que tú estás estancado en un trabajo que no disfrutas, donde la única felicidad son los fines de semana y tus vacaciones de dos semanas al año. Entonces, ¿qué debes hacer para encontrar tu propósito de vida?

Todos los seres humanos tenemos debilidades y fortalezas; hay temas que nos llaman la atención, mientras que existen otros que no nos interesan en absoluto, esto podría llamarse inteligencias múltiples. Lastimosamente, una de las razones por la cual no encuentras tu propósito de vida, se debe, a que la sociedad de hoy día ha hecho que las personas se preocupen por lo que hacen mal, y no por aquello en lo que son talentosas. Por ejemplo, no es extraño que un niño al que le vaya bien en dibujo, pero sea pésimo en matemáticas, lo obliguen a asistir a cursos de ecuaciones y no en técnicas de dibujo, ya que, nos han enseñado que "hay que reforzar aquellos aspectos que tenemos débiles» lo que nos lleva, inevitablemente, a saber, un poco de todo y mucho de casi nada. Entonces, la invitación para encontrar tu propósito de vida es que dejes de buscar complacer a todo el mundo, al igual, que querer saber de todo, más bien, enfócate en aquellas actividades que realmente despiertan tu interés, ya que estas representan el terreno óptimo, donde se puede construir tu propósito.

1. Deja de compararte

Cada ser humano es un universo diferente, aunque genéticamente seamos prácticamente iguales, estamos hechos con capacidades diferentes, poseemos talentos únicos, eso que te hace único, es lo que te da valor. Cuando entiendas que cada quien libra su propia batalla, y que cada día es una oportunidad que tenemos para ganarla, tendrás la libertad para buscar con calma y sabiduría lo que quieres hacer con tu vida.

2. Define qué es lo que no te gusta hacer

Pregúntate qué te da pereza hacer en tu trabajo, en la universidad y en tu vida en general.

• ¿Disfrutas hablar con las personas?
• ¿Hablar de ciertos temas como música, finanzas, meditación, programas de televisión?
Si no te gusta, escríbelo. De esta manera harás consciente lo que ciertas actividades o temas te hacen sentir. Una vez tengas claro lo que no te gusta, habrás eliminado demasiadas opciones dentro de la búsqueda de tu propósito de vida. Ahora bien, las dos preguntas claves y determinantes que deberás hacerte ahora son las siguientes:

• ¿Qué estás dispuesto a hacer, así no te pagaran por ello?
• ¿Cómo puedes generar ingresos a partir de esta actividad?

3. Date permiso para probar cosas nuevas

Antes de tomar una decisión, regálate la oportunidad de probar cosas nuevas; para esto, debes utilizar eficientemente tu tiempo libre.

La gran mayoría de personas viven insatisfechas con la vida que llevan, pero no hacen nada al respecto; se quejan desde su cama, con un teléfono en la mano y envidiando todas las apariencias que ofrecen las redes sociales. Pregúntate, qué estás haciendo en tu tiempo libre; asiste a cursos de temas que te llamen la atención, compra un libro de algo interesante, haz cosas diferentes.

4. Define cuáles son tus mejores habilidades profesionales

Si quieres encontrar una carrera que amas, debes partir desde la identificación de tus fortalezas, o aquellas habilidades que te permiten diferenciarte del resto de personas. Puedes hacer un auto examen a conciencia o puedes incluso, preguntar a tus seres queridos cuales creen que, honestamente, son tus mayores fortalezas y habilidades, y cuáles son tus debilidades, sin embargo, es posible que, debido a que tus amigos te quieren, estos no quieran decirte la verdad, ya que sienten que van a lastimarte o te harán pasar por momentos difíciles. No obstante, entre más rápido te des cuenta para qué eres bueno, y para lo que eres malo, podrás enfocarte en lo verdaderamente importante: tu propósito de vida.

Así que, aguántate el dolor, porque cuando tienes claro cuáles son tus habilidades, sabes en qué eres bueno; teniendo en cuenta tu criterio y los consejos de tus amigos, podrás definir aspectos importantes en tu vida, tendrás una gran cantidad de oportunidades, tales como:

• Buscar un trabajo nuevo según tus habilidades.
• Aprender cómo iniciar un negocio propio en tu tiempo libre.
• Buscar un socio (s) que complementen tus habilidades y fortalezas y trabajar con ellos.
• Crear una empresa con los amigos que te complementen.
• Comenzar a ganar dinero por internet haciendo algo que te apasione.

5. Sigue tu curiosidad

Sin importar que hayas encontrado o no tu propósito, es importante, que sigas aquellas cosas que te llamen la atención; no importa que nunca lo hayas intentado, ya que, la idea, es que descubras intereses menos obvios. Por esto, es por lo que es tan importante salir de tu zona de confort. Cuando tienes la iniciativa de seguir aquellos intereses poco comunes, sales de tu comodidad y te abres mentalmente a la posibilidad de explorar nuevas cosas.

Un ejemplo de esto, es la curiosidad de Steve Jobs por las tipografías, lo que le llevó a asistir a una clase aparentemente inútil de tipos de letra y desarrollar su sensibilidad de diseño.

Más tarde, esta sensibilidad se convirtió en una parte esencial de los ordenadores de Apple y un diferenciador principal del resto de marcas.

6. No hagas del dinero, tu principal motivación

Si estás buscando tu propósito de vida, y pasar tus años haciendo algo que te gusta, la mejor manera de empezar es tratar a las preocupaciones financieras como algo secundario. Con esto, no estoy diciendo que no sean importantes tus finanzas personales. Es fundamental que aprendas cómo ahorrar dinero, generar nuevas fuentes de ingreso y administrar tu dinero.

Ahora bien, si limitas tu propósito de vida a la cantidad de dinero que puedes ganar en la actualidad, difícilmente encontrarás algo que ames.

7. Diferencia entre placer, pasión y propósito

En su libro Delivering Happines, Tony Hsieh plantea que existen varios tipos de felicidades; están el placer, la pasión y el propósito.

• El placer: es la felicidad del corto plazo, esa que disfrutamos en el instante, y que es despierta por las cosas materiales.

• La pasión: es la felicidad, que implica un mayor compromiso, nos hace sentir que el tiempo vuela, y que todo lo demás pierde su importancia para nosotros.

• El propósito: es la más importante, y la que a diario debemos salir a buscar; se encuentra, cuando hacemos parte de algo que es más grande que nosotros mismos. El propósito se convierte en una razón para levantarse temprano, para sacrificar cosas que nos gustan y que, por encima de todo, le da sentido a nuestra vida. Para construir el propósito de tu vida, tendrás que tomar decisiones, y a su vez, renunciar a muchas otras.

Tu propósito, no es un golpe de suerte, es una disciplina. El propósito de tu vida no es algo que te encuentras de la noche a la mañana, no es algo a lo que llegas después de pensarlo una mañana, o luego de una conversación; es el resultado de estar constantemente buscando nuevas actividades, oportunidades de negocio, conociendo nuevas personas, y cuando encuentres algo que te interese, dedicarte a practicarlo y perfeccionarlo.

Es la consecuencia de tener el carácter para decir no al resto de posibilidades, para rechazar «caminos fáciles», y de tener una visión de largo plazo; ya que, la grandeza requiere de tiempo, dedicación y mucho esfuerzo. Cuando te comprometas, entenderás, que tu propósito, más allá de trabajar poco o de estar haciendo algo que te agrade, es poder contribuir de una manera única, a las personas que tienes a tu alrededor.

Capítulo 3
Imagen Personal con Proyección Profesional

*"El estilo y la elegancia
no tienen nada que ver con el dinero"*

Carolina Herrera

Don Arturo, suele hablar de sí mismo en tercera persona, como si narrara la historia de un sujeto aparte: *"Arturo era un monito, de pelo un poco largo, pecoso, avispado, un ser humano como todos, pero con visión…"* dice.

Nació en Medellín Colombia, su primer y único empleo, fue en la fábrica de calcetines Hilandcrías Pipalfa, allí trabajó por dos años y todo lo que le pagaron lo ahorró para hacer su sueño realidad.

Fue así, como en 1965, en el barrio San Victorino de la ciudad de Bogotá, abrió su primer local llamado La Camisita. Para lograrlo, tuvo que pedir prestados $4.000, "nunca más he vuelto a pedir plata prestada", dice Arturo sintiéndose orgulloso. Años después, inauguró un almacén más grande, llamado "El Dante", en él se vendían productos manufacturados por diversos fabricantes; por esta razón, no podía tener un control riguroso sobre la calidad de la ropa que vendía. El empresario viajaba periódicamente a la ciudad de Pereira en búsqueda de fabricantes que hicieran las prendas formales, que luego comercializaba en su primer punto de venta.

Sus habilidades como comerciante y la calidad de sus productos, atrajeron nuevos clientes, lo cual, facilitó la apertura de un segundo almacén "Dante" a pocas cuadras del primero. Al cabo de 2 años, adquiere un tercer almacén y gracias a la sugerencia de uno de sus clientes, tomó la decisión que lo llevaría al éxito: ponerle a su local su nombre: ARTURO CALLE, tendencia que luego emularon otros diseñadores de la industria de la moda en Colombia.

La marca empezó a crecer, sin embargo, a don Arturo Calle le seguía preocupando la calidad y el control de lo que vendía, aún seguía comprando las marcas que vendían terceros. Con el poder económico adquirido decidió cambiar su modelo de negocio. Fue entonces, cuando empezó a asociarse con las manufactureras más importantes del país para que le maquilaran sus productos. Así, Arturo Calle pudo y ha podido hasta hoy garantizar a sus clientes buen precio, calidad y diversidad.

El ejemplo de su madre y su visión del mundo, llevaron a este empresario a invertir en lo social desde temprana edad, labor que se formaliza en 1981 con la creación de la Fundación ARTURO CALLE, a través de la cual se ofrece respaldo a iniciativas que fomentan la educación, la salud y la adquisición de vivienda propia.

Hoy en día, la firma apoya a 200 fundaciones mensualmente, con 81 tiendas en todo el país y 6 en el exterior, Arturo Calle, es el más grande emporio de la moda colombiana, tiene presencia en sur América y Centro América, es una empresa líder en el sector textil colombiano, don Arturo es un emprendedor que da ejemplo de vida a miles de colombianos.

Lo que siguió, ha sido trabajo intenso, avanzando sin apartarse un día, ni un milímetro de sus principios básicos: "Amar la marca y ser correcto como elegante en cada negocio."

***

Para la redacción de este capítulo en particular, quise levantar la mano para pedir ayuda, y ¿cómo no hacerlo? si mi compañera de vida y socia, la diseñadora colombiana Nathaly Vásquez, es experta en la materia. Sabía que, como diseñadora de moda, creadora de vestuario artístico, asesora de imagen y personal chopper, tendría mucho que aportar a este libro; estas son sus páginas:

***

PROYECTA TU IMAGEN

La gente te trata como te ve, por tanto, nunca subestimes el poder de tu imagen, ya que, es la primera forma de comunicarle al mundo lo que tú eres, antes de siquiera hablar.

En lo personal, tuve que vivir muchas experiencias, incluso, algunas amargas para entender esto en mi vida, sin embargo, cuando lo comprendí y empecé a darle la importancia a esto y tomar cartas en el asunto, logré muchas cosas que anhelaba conseguir desde que empecé a desarrollar mi carrera profesional como diseñadora, por lo que puedo decirte por experiencia, que crear una imagen personal íntegra, tiene sus resultados positivos en el ámbito laboral, social y personal.

En el ámbito personal, lograr conseguir una imagen que sea coherente con lo que tú quieres proyectar ante tu entorno, es verdaderamente importante, ya que hará que fortalezcas tu autoimagen y seguridad en ti mismo, respetando tu esencia y aprendiendo a expresarla de manera consciente. En el ámbito social, tener una imagen personal optima y que te identifique, hará que puedas relacionarte efectivamente con la gente correcta y apropiada, para sentirte parte de tu tribu por llamarlo de alguna manera, es preciso, tener muy claro lo que quieres comunicar con tu vestuario y apariencia, y si esto viene acompañado de una gran personalidad pues mucho mejor; a veces, a través de nuestro estilo personal, dejamos en evidencia muchos aspectos de tu forma de ser, que inconscientemente pueden etiquetarte erróneamente ante tu entorno social, ser consciente de esto, va a hacer que cuides cada detalle de tu vestir y de tu forma de comunicarte con el mundo.

En el ámbito laboral, sí que es importante tener una imagen personal íntegra e impecable, y no se trata de vestir de marca o de diseñador, no se trata de invertir cientos en un guarda ropa, se trata solo de ser organizado y pulcro.

Estas características, deben ir acompañadas de ciertas virtudes de tu personalidad que marcarán tu sello, por ejemplo, la puntualidad, buenas maneras y hacerle honor a tu palabra; esto hará, que seas visto en tu trabajo o empresa como alguien confiable, serio y responsable, y déjame decirte, que esto es vital para poder escalar profesionalmente en cualquier empresa, o incluso, si tú eres el empresario o emprendedor, reflejar una imagen íntegra, hará que tus clientes, socios y compañeros, te vean como lo que pretendes ser, una persona que sabe lo que hace y lo demuestra con su ejemplo, en todo el sentido de la palabra .

Ahora, quiero entregarte en este capítulo, algunos conceptos básicos y algunos tips, que te ayudarán a tomar consciencia de esto y, además, te ayudarán, a definir un estilo personal que te permita, proyectar realmente lo que quieres ser y lo que quieres conseguir en tu vida y entorno social.

EL ESTILO PERSONAL

¿Qué es el estilo personal?

El estilo personal, es aquel que permanece a través de los años y que es independiente a las modas o los cambios de vida. Es inherente a tu personalidad, tu forma de ser y de expresarte. Es el estilo que da una imagen global de ti.

Por lo tanto, construir un estilo personal, te tomará una gran tarea de autoconocimiento y de evolución, pues a través de los años, vas a pasar por diferentes etapas de la vida, la infancia, la adolescencia, la adultez y la vejez, para ser más concretos, y en cada etapa, vas a querer proyectar diferentes cosas que están inherentes a tu presente, a el aquí y el ahora.

Cuando estás en etapa de transición, por ejemplo, de la adolescencia a la adultez, vas a experimentar muchas dudas, muchas inseguridades, incluso, vas a errar más de una vez, mientras aprendes a conocerte y definir tu estilo propio, acorde a lo que vives en ese momento.

En mi caso personal, fue muy conflictivo para mí, porque a pesar de comenzar mi desarrollo profesional a los 20 años, en mi aspecto y estilo, yo aparentaba una imagen rebelde e irreverente, como el de una adolescente, y créeme, que eso no estaba en coherencia con lo que yo pretendía reflejar personal y profesionalmente; tuve que vivir varias experiencias amargas y frustrantes, hasta que por fin desperté a este aspecto de mi vida, que debía moldear y reinventar.

Más de 8 años de carrera profesional estancada, por no ser consciente de la importancia que tenía mi imagen personal, mi estilo de vestir, e incluso, mi forma de ser, que se veía opacada por todos los errores que yo modelaba en mi apariencia física.

Cuando pude despertar a esta realidad, muchas cosas cobraron sentido y explicación para mí, acerca de lo que debía corregir y trabajar en mi estilo personal y del por qué, aun no alcanzaba mis metas personales y profesionales.

Afortunadamente, me di cuenta de esto, y pude abordar los cambios necesarios para crear un estilo e imagen personal realmente coherente, no solo con mi esencia, si no con lo que pretendía alcanzar en mis metas profesionales y personales.

El ser diseñadora de modas, y trabajar en el medio audiovisual me facilitó conseguir estos cambios de manera idónea, pero, sé, que no todo el mundo tiene estas herramientas o conocimientos, que me permitieron hacer este auto trabajo; pero, para eso, justamente estoy aquí, compartiéndote toda mi experiencia de cómo lo hice, para que tú también lo puedas hacer con éxito.

LOS 7 ESTILOS UNIVERSALES DE LA MODA

Soy de las que piensa, que hay tantos estilos como personas en el mundo, ya que todos somos únicos e inigualables, sin embargo, existen como guía los 7 estilos universales que marcan características comunes entre las diferentes personalidades del ser humano.

Esto, es una herramienta que te va a permitir encontrar semejanzas, soluciones e ideas para reconstruir una imagen personal, más coherente con lo que tú eres y quieres reflejar, y que, a su vez, te va ayudar a conseguir más rápidamente tus metas, ya sean personales o profesionales.

1. El Estilo Natural y urbano: atribuido a personas que dan gran valor a la comodidad y simplicidad, por lo general, son personas sencillas, accesibles, amigables y optimistas; aman usar prendas básicas de materiales ligeros, naturales y que no exijan mucho mantenimiento, por ejemplo, que no necesitan planchado o lavado en seco. Se caracterizan por usar colores neutros y prendas básicas, poco o nada de maquillaje, en el caso de las mujeres, y mínimos accesorios.

2. El Estilo Clásico o tradicional: este estilo se le atribuye a personas regidas por las tradiciones, por preferir lo clásico de una manera sobria y formal, pero a la vez casual , es el más seguro de los estilos, es decir, vas a la fija, y nunca serás un fashion victim, es un estilo atemporal, que se adapta a toda ocasión, se destaca por el uso de prendas limpias y nada recargadas, los colores neutros también son protagónicos en este estilo, son personas que envían un mensaje de responsabilidad, orden y lealtad, pero, temen al cambio.

3. El Estilo Elegante: refleja respeto y valoración, personas para las que es muy importante destacarse como distinguidos, exclusivos, cultos y prestigiosos, optan por vestirse de manera pulcra con estructura sencilla, pero, a la medida y ajuste perfecto, prendas de materiales exigentes y colores oscuros y neutros, algunos estampados lineales y simétricos, con poco contraste. Aman los accesorios de excelente calidad y un look prolijo.

4. El Estilo Romántico: lo adoptan personas soñadoras, idealistas, románticas, gentiles, sensibles y comprometidas, en el caso de la mujer, sus prendas siempre expresarán esto a través de los colores claros y pasteles, los estampados florales, y diseños con encajes, volantes y vaporosos, que expresen emotividad, afectuosidad y ternura, pueden llegar a rayar en lo cursi.

5. El Estilo Seductor: personas desinhibidas y exuberantes, para quienes es muy importante su buen estado físico y estético, rinden tributo a su presencia física, sensualidad y magnetismo, son muy seguras de sí mismas, les encantan las prendas ajustadas, escotadas, que resalten su figura, encajes, trasparencias, elasticidad y colores llamativos con alto contraste, pueden rayar en lo vulgar si no consiguen un equilibrio entre estas características. En el caso de los hombres, también buscarán características en los materiales y diseños que muestren su físico, pantalones muy ajustados, camisas tipo Slim, camisas desabotonadas para lucir el pecho, perfumes intensos, colores de alto contraste.

6. El Estilo Dramático: personas que quieren impactar e influir, con alta confianza en sí mismas, sofisticadas, determinadas, ambiciosas, vehementes, les gusta llamar la atención, tienden a ser exageradas en la escogencia de sus

outfits, les encanta la monocromía, los cortes asimétricos y exuberantes y los altos contrastes, prendas con cierta teatralidad; pueden rayar en el disfraz y verse como personas extravagantes, inaccesibles, soberbias y controladoras.

7. El Estilo Creativo: son personas que se preocupan por expresar su individualidad en todo aspecto, son muy independientes y se diferencian de lo normal, aman reinventar la forma de usar las prendas, incluso, intervenirlas, son creativas, originales, independientes y espontáneas, no temen combinar prendas y divertirse haciéndolo, siempre piensan fuera de la caja, utilizan materiales y texturas diversas, juegan al mix & match con los estampados, les gustan los colores vibrantes y pueden rayar en lo caricaturesco.

Luego de explicarte grosso modo, las características de personalidad de los diferentes estilos, es posible que te sientas identificado con más de un estilo, porque las personas tenemos un estilo limitante y un estilo potenciador; esto depende de tus gustos, defectos y costumbres, pero, siempre podrás trabajar en ellos para pulir tu estilo y mejorar tu versión.

Te pongo un ejemplo; una persona que tiene características del estilo natural y también del estilo elegante, va amar tener ropa a la medida, de calidad, o incluso, de marca; pero, va a odiar tener que plancharla, usar elegantes accesorios, arreglar su cabello, incluso, usar tacones. El natural, ama la comodidad, ante todo, aquí hablamos de que su estilo limitante es el natural y su estilo potenciador es el elegante; en conclusión, esta persona, para mejorar su imagen, deberá trabajar más en esos detalles, planchar las prendas, usar un peinado más prolijo, usar unos zapatos cómodos, pero a tono para la ocasión.

Estilo limitante
natural

Estilo potenciador
elegante

Fusión de los estilos

CLAVES PARA UNA IMAGEN PERSONAL ÍNTEGRA Y PROFESIONAL

Nunca fue tan fácil, crear una autoimagen que te haga sentir seguro y orgulloso de tu identidad, como la que te propongo en este capítulo; las siguientes reglas de oro de la imagen personal, pueden ser una guía, en el camino a tu mejor versión.

ASEO PERSONAL: todas las mañanas, dedica tiempo a tu aseo personal, tómalo como tu ritual de amor propio: el baño, lavado de dientes, en el caso de los hombres la afeitada y en el de las mujeres la buena hidratación de la piel, marcarán la diferencia en tu look.

1. **EL CABELLO**: cabello limpio y peinado, como sea el estilo de corte y cabello que tengas, que esté arreglado o recogido, marcará la diferencia. Si usas tintura procura no dejarte crecer mucho las raíces, el cabello se verá reseco y descuidado, si tu cabello es rizado, utiliza productos que te permitan peinarlo y lucir tus rizos de tal manera, que te hagan sentir un hit y que huelan a rico; si no tienes tiempo, usa un gorro o sombrero que funcione para la ocasión, y si eres hombre, cuida el crecimiento de tus patillas y de tu barba.

2. **MANOS Y PIES**: uñas limpias y arregladas, evita manicuras con mucha decoración o muchos colores, si eres mujer y vives en tierra caliente, o si usas sandalias, debes mantener las uñas de los pies cortas, arregladas y pintadas; los hombres, por supuesto, también deben arreglárselas, y pueden optar por colores tono piel o trasparente.

3. **VESTUARIO**: ropa limpia, planchada y en buen estado; es vital que estés atento de estos detalles, por ejemplo, aquellas prendas que se descocieron, se les cayó el botón, o se le soltó el ruedo, hay que repararlas antes de volver a usarlas, o si su estado está en deterioro, es preciso no volver a usarlas para salir. Si la plancha y tú, no se la llevan bien, ten en cuenta esto, para la escogencia de los materiales de tu ropa.

"Por sus zapatos los conoceréis" así que, presta atención a los zapatos que usas, revelan más de tu personalidad de lo que creerías; zapatos con suelas en buen estado, limpios y que los calces cómodos; no usar zapatos que aprieten o que incomoden, eso te puede amargar el día, la noche o la ocasión.

Toma en cuenta siempre, el contexto a dónde vas y asegúrate de tener un buen fondo de armario, no se trata de ropa costosa o de marca, se trata de prendas básicas, en colores neutros, que te sirvan para las ocasiones esenciales de todo entorno social. Más adelante te amplío este tema.

4. **MAQUILLAJE**: si eres mujer, y no acostumbras a usar maquillaje diariamente, y si eres hombre y tampoco usas, te recomiendo usar los siguientes productos básicos para el cuidado de la piel de tu rostro:

1) Bloqueador solar (hay con tono piel)
2) Crema hidratante según tu tipo de piel.
3) Bálsamo de labios, los consigues en las droguerías con o sin color.
4) Cepillito para peinar las cejas y estar pendiente de su crecimiento.

Por el contrario, si eres de las que se maquillan diariamente y aman usar esta herramienta, y para los que trabajan en empresas, tengan en cuenta, que en el código corporativo debes mantener en el día un maquillaje suave, en colores tierra y mate, labios en tonalidades naturales, y para la noche, sí puedes producir tu magia y maquillarte con tonos más fuertes, con brillos y contornos; siempre fíjate de la ocasión y no pierdas el contexto, es mi consejo.

5. **VOCABULARIO Y COMPORTAMIENTO**: así no lo quieras, tú estás desarrollando tu marca personal, y todos estos aspectos son parte de esa marca o huella que estas dejando en las personas; el vocabulario y el comportamiento, son componentes fundamentales en una imagen personal integral y profesional, aprende a diferenciar el círculo social en el que te encuentras, y cuida tu lenguaje , se de los que escucha más y habla menos, si no tienes un aporte importante que hacer, mejor quédate en silencio, evita hablar mal de otras personas; "Lo malo que dijo pepito de lupita, habla más mal de pepito que de lupita!"

6. **LA SONRISA**: cuando te presentes en un lugar que te agrade o ante personas que deseas conocer, obsequia una sonrisa a ese momento, la sonrisa tiene el poder de conectar positivamente con las personas y será una buena cualidad que cultivar en tu personalidad.

QUÉ ES Y PARA QUÉ SIRVE TENER UN FONDO DE ARMARIO

El fondo de armario, es un conjunto de prendas básicas en colores neutros, que tienen la versatilidad de funcionar combinadas entre sí y para diversas ocasiones; hay una lista mínima de 10 prendas claves, consideradas infaltables en un fondo de armario para un hombre y una mujer; estas prendas podrán salvarte en aquellas ocasiones en que no sabes que usar; a continuación, te cuento cuales son:

1. **CAMISA BLANCA**: es una prenda indispensable en nuestro closet, sirve para usarla en una entrevista de trabajo, en una cita de negocios, o en un evento corporativo; puedes conseguirla con variedades en el diseño de acuerdo a tus gustos y estilo. Para los hombres, recomiendo que tengan una camisa blanca para usar con corbata, de manga larga y de buen material para que perdure.

2. **PANTALON NEGRO**: el pantalón negro, es por excelencia un infaltable en el closet de hombres y mujeres, sirve para un montón de ocasiones de acuerdo a los accesorios y calzado que uses con él, también, lo puedes tener en un material que te genere confort. Hoy día, un material como Prada o mezclas con licra y elongación pueden ser un hit al no requerir planchado. El pantalón negro debe ser adecuado a tu tipo de cuerpo y la talla perfecta, si debes ajustar el dobladillo no lo pienses dos veces.

3. **BLÉISER NEGRO O AZUL OSCURO**: en el caso de hombres y mujeres, les recomiendo tener un saco de vestir en su closet, combinarlo con un vestido o con camisa y pantalón; puede resultar muy elegante a la hora de una boda o graduación, búscalo a tu medida, el largo de brazos debe ir hasta el huesito de la muñeca, el ancho de espalda debe ir la línea de la costura sobre la axila y el hombro tuyo, el largo de talle debe ir sobre la media cadera.

4. **VESTIDO NEGRO**: el vestido negro o el Little black drees se lo inventó Coco Chanel en los años 40, inmortalizándolo como un infaltable en el closet de toda mujer, y es

que esta prenda, según con los accesorios que la combines, te puede servir para una reunión casual con amigos y hasta para una cena de negocios, úsala con tenis, con sandalias planas o de tacón, con botas, etc., implementa un abrigo, un bléiser o una chaqueta de jean y "voila ". Para Hombre, el traje de vestir negro, o conocido sastre, es una prenda vital, en la que sí o sí debes invertir, porque podrás usarlo para todo tipo de evento protocolario, celebraciones especiales y reuniones de negocios, además, podrás usarlo por separado y con igual utilidad.

5. **JEAN AZUL MEDIO**: mientras más clásico tu jean, más oportunidad de usarlo tendrás, pues para este tipo de prendas no te aconsejo mucho seguir las tendencias, busca que sean atemporales y sobrios en su diseño. El jean, para ocasiones más casuales y relajadas, siempre será una gran prenda, y si necesitas subirle el tono para alguna ocasión, puedes ponerte una camiseta básica y un bléiser negro con algunos accesorios o zapatos de color y te verás genial.

6. **CAMISETAS BASICAS**: la blanca y la negra que no falten jamás, búscalas según tu tipo de rostro y cuerpo, por ejemplo, si tu cara es redonda, busca estas camisillas con escote o cuello V , por el contrario, si tu rostro es alargado o cuadrado busca estas camisetas en cuello redondo ,fíjate en la calidad de la tela de estas camisetas, en el mercado se pueden conseguir de buen algodón a precios muy accesibles , pero si solo te fijas en el precio, puedes llevar una que en la primera lavada se llene de motas, o peor, se te deforme.

7. **PRENDA DE OCASIÓN**: que no te bares por no tener esta prenda en tu closet; en el caso de los hombres tengan una corbata en un color que contraste y sea fácil de combi-

nar, por ejemplo, roja o vinotinto; en el caso de las mujeres, tengan siempre una blusa elegante, con brillos o alguna sutil transparencia, para una ocasión elegante nocturna puede funcionar muy bien.

8. **ABRIGO O SOBRETODO**: también lo puedes conseguir como una gabardina en un color negro, gris o cámel; esta prenda te servirá para clima frio y para ocasiones más especiales; aunque también, usándola con tenis o con botas y unos jeans, quedas muy chic para ir a la universidad o al trabajo.

9. **ZAPATOS**: en materia de zapatos, si eres mujer, siempre ten unos zapatos negros cerrados, pueden ser tacones o bailarinas, que son básicas; en el caso de los hombres, tener unos zapatos negros de material en conjunto con su cinturón, son fundamentales para cualquier código de vestuario.

10. **CARTERA**: en materia de bolsos puedo decirte que es esencial el bolso negro amplio y de cierre seguro para el diario y la cotidianidad, pero, tener de otros colorcitos a una mujer siempre le va a encantar, así que, ten uno de color cámel o miel, y uno de un color vibrante tipo bandolera, será el toque chic de tus outfits más creativos; para ocasiones o celebraciones nocturnas, siempre debes tener un bolso tipo sobre.

LA IMPORTANCIA DE CONOCERCE A SÍ MISMO

Hay algo fundamental, para que puedas trabajar en tu estilo e imagen personal y es conocerte a ti mismo, no solo en el aspecto interno, sino también, en tu parte exterior y física. Cuando tienes un gran autoconocimiento, sabes perfectamente las cosas que te identifican, que te quedan bien, y que te hacen sentir seguro y cómodo, por eso, es pertinente hablar un poco sobre los tipos de cuerpo o de siluetas corporales que existen:

TIPOS DE CUERPO

Identificar tu tipo de cuerpo, tu tipo de rostro, tu tipo de piel, entre otros tantos ítems, va a permitir que tengas un buen criterio para saber escoger muy bien tus compras, y también, cómo potenciar y destacar mejor tu presencia, usando la ropa y accesorios correctos para el contexto apropiado.

TIPO RELOJ DE ARENA FEMENINO

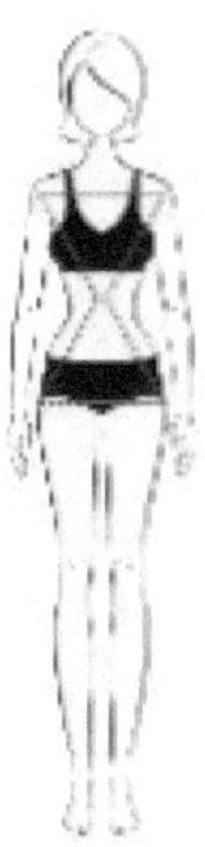

Este cuerpo, es en el imaginario colectivo promedio, el cuerpo ideal, hombros y caderas se encuentran alineados proporcionalmente, la cintura es pequeña, y esto, tiene un efecto muy armónico a la hora de usar cualquier prenda, se recomienda usar prendas que destaquen la cintura, pero no exagerar a la hora de mostrar la piel, recuerda que es más sexy lo que no es tan obvio.

TIPO TRAPECIO MASCULINO

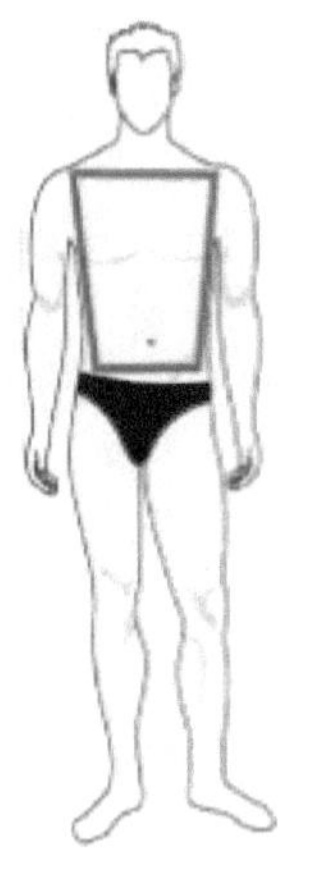

En el caso de los hombres, la silueta tipo trapecio es la más armónica visualmente, por ser más ancho de hombros con respecto a la cintura y caderas; para este tipo de cuerpo, es importante buscar el equilibrio, manteniendo destacados los hombros y tu ancho de espalda, puedes usar colores claros arriba y colores oscuros de la cintura para abajo , cuida de los estampados en los pantalones, sobre todo, de líneas horizontales o cuadros grandes.

TIPO RECTÁNGULO FEMENINO

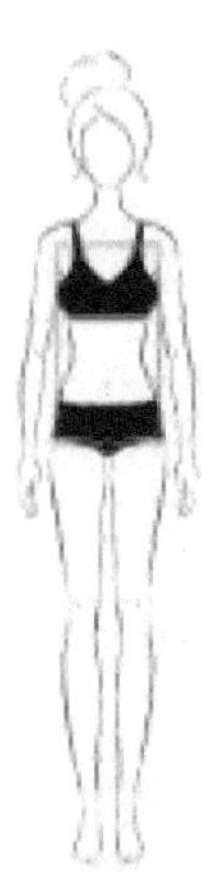

Este tipo de cuerpo, no tiene tan marcadas las curvas, incluso, la cintura es casi proporcional en el ancho al pecho y las caderas; para dar un efecto reloj de arena, aconsejo vestir conjuntos de 2 piezas, como falda y top o pantalón y blusa. Busca el equilibrio entre las prendas usando una falda en línea A y un top o blusa tipo body, o ajustada al cuerpo; por ejemplo: puedes usar una blusa camisera o tipo peplo, con una falda tipo lápiz, puedes destacar la cintura usando un cinturón delgado, también, si usas un pantalón con blusa suelta y quieres marcar la cintura, utiliza siempre este accesorio.

TIPO RECTÁNGULO MASCULINO

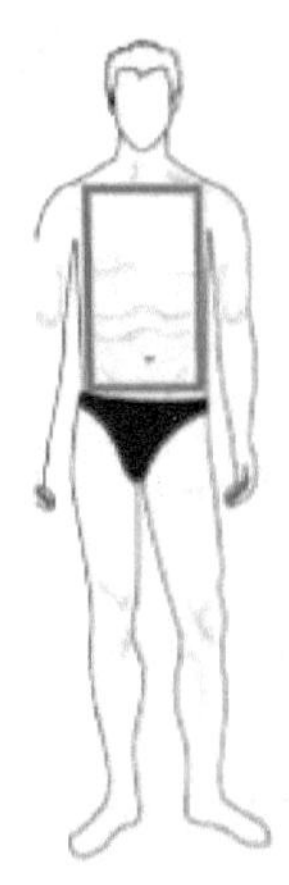

En el caso de los caballeros, en este tipo de cuerpo, el ancho de los hombros, cintura y cadera, son visualmente del mismo ancho. En este caso, para lograr el efecto trapecio, buscaremos destacar más el ancho de la espalada y hombros, usando prendas estructuradas, como camisas con telas en tejido plano; una prenda que te ayudará mucho, son los bléiseres o sacos de vestir, estos también los puedes usar con camiseta tipoT-Shirt y quedan súper bien, además, compensas con el ancho de espalda.

TIPO TRIÁNGULO INVERTIDO FEMENINO

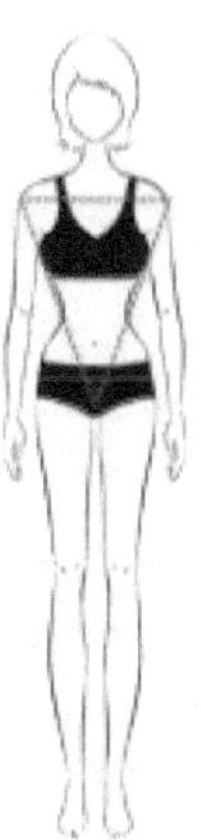

En este tipo de cuerpo, se destaca el ancho de la espalda por sobre la cintura y caderas, suelen ser personas de piernas delgadas y la cintura no se marca mucho; en este caso aconsejo, para lograr el efecto reloj de arena, usar colores oscuros en la parte superior del tronco, blusas con mangas caídas, o incluso, las blusas con cuello tipo halter, harán que te veas más estrecha de espalda, y en tu parte inferior, buscaremos equilibrar dándole más volumen, con colores claros en pantalones y faldas; también te recomiendo usar estampados y prendas en línea A o de corte ancho, por ejemplo, pantalones con prenses, pantalones tipo Palazzo. Recuerda, oscuros y ajustados en la parte superior, y colores claros y siluetas anchas en la parte inferior.

TIPO TRIÁNGULO INVERTIDO MASCULINO

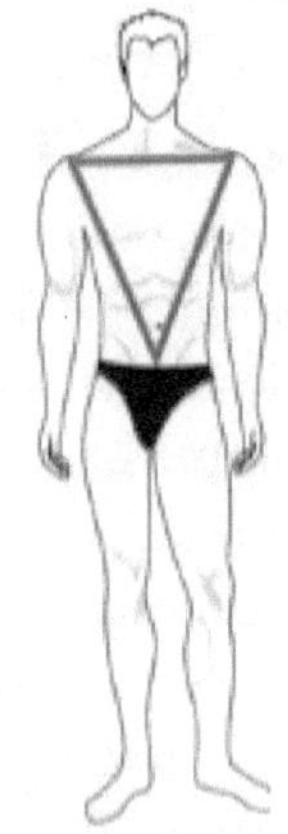

Este tipo de cuerpo, también es conocido como cuerpo de nadador, porque sus hombros y espalda, son demasiado anchos con respecto a la cintura y caderas; aunque para un hombre está bien ser ancho de hombros, en este caso, puede llegar a ser muy exagerado y desproporcional, por lo que, la idea es jugar a equilibrar esto, buscando prendas de hombros desestructurados, como camisetas en vez de camisas, buzos en vez de bléiseres, colores oscuros en tu parte superior. El color oscuro o negro, reduce y estiliza, el color claro o blanco, ensancha, aumenta volumen, así que, jugaremos a darle menos volumen a tu parte superior, y en la parte inferior, buscarás darles un poco más acento a las caderas, usando pantalones con colores más claros y con corte de prenses.

TIPO TRIÁNGULO O PERA FEMENINO

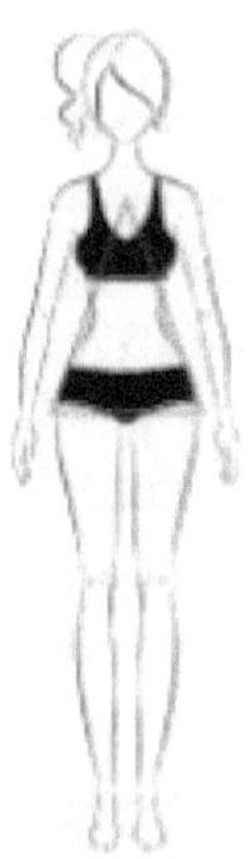

Este tipo de cuerpo, se caracteriza por tener las caderas anchas y la cintura pequeña en proporción con su espalada y hombros, las piernas suelen ser gruesas y de voluptuoso derrier. Para este tipo de cuerpo, el equilibrio se halla en usar prendas oscuras y rectas en la parte inferior del tronco, y complementar con blusas o prendas en la parte superior, de colores fuertes o claros, con mangas estructuradas, e incluso, hombreras.

TIPO TRIÁNGULO MASCULINO

Este cuerpo, es el que tiene la espalada y hombros un poco más angostos que las caderas, el hombre, debe apostar por darle estructura a su espalda, usando camisas con cuello de corbata clásica, también camisas cuello nerú y saco tipo bléiser; en la parte inferior, debe buscar prendas de materiales rígidos y oscuros, pantalones sin prenses, de cortes muy simples o minimalistas.

TIPO OVALADO O MANZANA FEMENINO

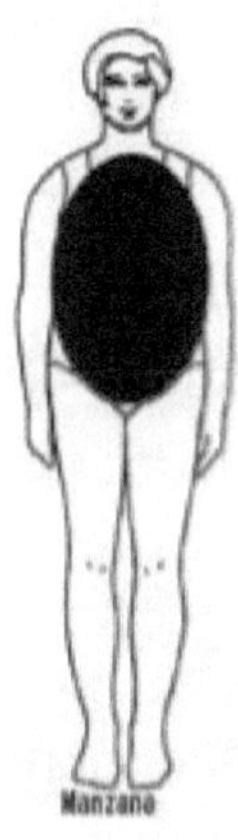

En este tipo de cuerpo, se destaca el ancho y volumen de la cintura, pueden ser personas con obesidad, y en este caso, podemos buscar crear el efecto de cintura usando prendas de corte imperio, o amplias debajo del busto; también, se pueden usar cinturones delgados para remarcar la cintura. En algunos conjuntos, si vistes de dos piezas, busca muy bien usar tu talla real, la talla donde sientes confort. Al usar tus prendas, que no sean apretadas, ni ajustadas; pero tampoco, muy anchas y holgadas que no permitan ver tu silueta. En vestidos, te aconsejo no usar grandes estampados, opta por los colores oscuros, que siempre te van a estilizar.

TIPO OVALADO MASCULINO

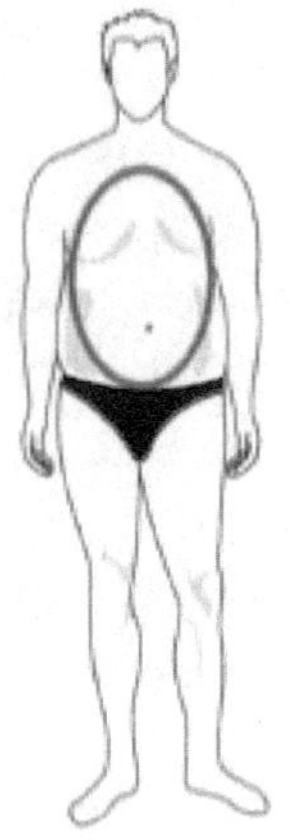

A los hombres, con este tipo de silueta, en la cual se destaca, quizás una pancita voluptuosa, buscaremos el equilibrio dándole estructura a los hombros, con prendas de vestir de corte clásico y de tejido plano; evita los altos contrastes y opta por estampados lineales verticales, por ejemplo, un traje de vestir en negro raya tiza, puede ayudar a estilizar tu figura.

Una vez, tú identifiques tu tipo de cuerpo y tu estilo personal, ya podrás ver con más criterio, si tu fondo de armario sí es el más apropiado para ti, o si debes conseguir algunas prendas esenciales para completarlo, y también, a la hora de comprar y de escoger tus prendas, tendrás el ojo mucho más educado para saber, que lo que te estas probando, en realidad, sí te queda bien y te funciona para las ocasiones que quieres usarlo.

Pienso, que los conceptos anteriormente vistos, son los más importantes para construir una imagen personal integral, que proyecte y te ayude a conseguir tus metas, dependiendo del área en la que te muevas. Existen también, unos códigos de vestimenta importantes que pueden ayudarte a solucionar esos desafíos fashionistas que a veces nos pone la vida, como, por ejemplo, ir a una cita de negocios, un almuerzo de trabajo, un grado o coctel de honor, una boda o una celebración corporativa. Hay tantas situaciones en la vida, a las cuales debemos asistir, y muchas veces no sabemos, y por ignorancia, violamos estos códigos de vestimenta; para que esto no te suceda, a continuación, una breve reseña de qué es un código de vestimenta:

¿QUÉ ES UN CODIGO DE VESTIMENTA?

Un código de vestimenta es un conjunto de reglas, a menudo escritas, con respecto a la ropa. Los códigos de vestimenta se crean a partir de percepciones y normas sociales, y varían según el propósito, las circunstancias y las ocasiones. Es probable, que diferentes sociedades y culturas tengan diferentes códigos de vestimenta.

Los códigos de vestimenta son indicaciones simbólicas de diferentes ideas sociales, que incluyen, clase social, identidad cultural, actitud hacia la comodidad, tradición y afiliaciones políticas o religiosas.

En este caso, voy a retomar los códigos de vestimenta enfocados a diversas situaciones sociales y profesionales en las que te puedas encontrar:

CÓDIGO DE VESTIMENTA CASUAL

Hablamos de un vestuario casual, cómodo y descomplicado, donde se permiten usar blusas en algodón y camisetas, también se pueden usar pantalones tipo jean y tipo dril para los hombres, zapatos cómodos tipo Oxford, zapato plano tipo baletas, tenis casual entre otros. Este código es el más común en trabajos creativos, como empresas de publicidad, diseño y producción audiovisual, también empresas de línea artística y por supuesto, en universidades.

CÓDIGO DE VESTIMENTA SMART CASUAL

Un grado más formal que el anterior. En este código de vestimenta, se exigen prendas un poco más sobrias y serias, telas más estructuradas, pero algunas prendas, en material fluido, sobre todo para la mujer; se pueden usar zapatos bajos, no se deben usar jeans ni tenis, pero sí, prendas que igualmente sean cómodas.

Blusas camiseras para las damas, vestidos casuales, y en los hombres, camisas, pantalones tipo dril o de otros materiales que no sean mezclilla o jean.

CÓDIGO DE VESTIMENTA BUSSINES CASUAL

Ropa con telas más estructuradas, colores básicos y sobrios, apariencia más formal, pero jovial; no se exige corbata, pero sí, traje de vestir en colores neutros como el azul oscuro, el gris, y el beige entre otros. Este código se puede ver en empresas más serias como, por ejemplo, de servicios contables, softwares empresariales, cooperativas, y de comunicaciones, entre otros.

CÓDIGOS DE VESTIMENTA FORMAL BUSSINES

Etiqueta total, indumentaria formal, colores oscuros y neutros, prendas a la medida, elegantes, de materiales rígidos y estructurados; en el caso de los hombres, deben llevar traje completo y corbata, en el caso de las mujeres, zapato de tacón cerrado y en ocasiones media velada.

Esto lo podemos ver en empresas como Bancos, aseguradoras, bufetes de abogados y oficinas gubernamentales.

Ahora que ya sabes todos estos conceptos, ponlos en práctica, y no desperdicies la oportunidad de trabajar cada vez más, en construir una imagen personal que deje huella positiva en todos lo que te conozcan, recuerda, que no hay una segunda oportunidad para causar una buena primera impresión, y que todo lo que tienes puesto comunica, se consciente de este gran poder, que ahora puedes usar a con sensatez y a tu favor; yo lo he hecho en las diferentes etapas de mi vida, y créeme, que en la que actualmente estoy, es cuando mejor me ha ido, y por ello, es que comparto mi experiencia contigo, para que puedas dar un paso adelante en el trabajo personal que hoy por hoy estás haciendo
.

Si te ha gustado todo esto y quieres aprender más al respecto, puedes buscarme en la web, Instagram y Facebook como @Natyvaz_asesoradeimagen, estoy para servirte y asesorarte.

Capítulo 4
Comunicación Asertiva y Lenguaje Corporal

*"La forma en que nos comunicamos con otros
y con nosotros mismos, determina
la calidad de nuestras vidas"*

Anthony Robbins

Andrés Moreno, es un joven venezolano, que, debido al trabajo de su padre, vivió su infancia y juventud en nueve países, estudió seis años de ingeniería, hasta que decidió poner una pausa en los estudios para dedicarse a un emprendimiento; llevar profesores de inglés a Venezuela para dar clases a compañías. En 2007, Moreno usó Skype por primera vez y vio que su modelo debía cambiar. Así surgió Open English, una plataforma que ofrece clases de inglés en línea, con profesores norteamericanos para la clase media emergente de América Latina.

Al principio, no logró encontrar inversionistas que se interesaran en su proyecto. Desesperado por encontrar capital y mudarse del sofá prestado en el que dormía, Andrés salía todos los días a conseguir inversores y terminó consiguiendo capital suficiente para empezar. En el camino, Moreno tuvo que rozar la quiebra de su primer emprendimiento, salir sin experiencia a buscar inversionistas en Silicon Valley, y crear unos avisos de televisión rudimentarios, que tuvieron más éxito del inesperado, hasta llegar en 2013 a conseguir fondos por más de 120 millones de dólares, tras 18 meses de presentar su discurso una y otra vez.

Hoy día, Open English está valorada en más de 350 millones de dólares y cuenta con más de 500.000 estudiantes en muchísimos países. Asimismo, Andrés ha logrado adquirir la plataforma de Open Education, un proyecto que ofrece formación online de programación, desarrollo web y dispositivos móviles, mercadeo digital, etc.

Cualquiera podría afirmar, que la comunicación es el proceso de interacción entre dos o más sujetos, cuyo medio es el lenguaje (sea oral o escrito), utilizando las palabras para transmitir lo que deseamos, y tendría razón solo en parte; comunicar, es mucho más que eso. Si revisamos la raíz de la palabra, encontramos que es la misma para comunión, para comunidad, para comunal.

Comunicar es sacar algo de ti, algo que es tuyo: una idea, una emoción o un sentimiento, y exponerlo ante los demás para que sea común, pero, hacer eso, muchas veces no es tan fácil. Como digo en mis entrenamientos: "la comunicación, es la llave maestra que abre todas las puertas en el universo de las oportunidades".

Cuando interactuamos con los demás, asumimos un rol concreto que nos lleva a mantener un estilo de comunicación determinado. El modelo más extendido para identificar y clasificar estos estilos, es a través de un eje continuo de agresividad en dicha interacción:

• Comunicación pasiva: es la que está relacionada con la persona que no expresa necesidades, posturas ni opiniones. Que normalmente está de acuerdo con los otros, aunque vaya en contra de sus propias creencias.

• Comunicación agresiva: es aquella que se relaciona con la persona que expresa necesidades, deseos u opiniones hostilmente. Normalmente, trata de imponer sus formas de pensar a los demás, e ignora todo sentimiento o postura que sea contraria a él o ella.

• Comunicación asertiva: es la relacionada con aquella persona que expresa sus necesidades, deseos y opiniones. Toma postura en situaciones y trata de entender a la otra persona antes de manifestar sus propios sentimientos.

Pero no sólo las palabras, sino que también el lenguaje no verbal y el para-verbal participan de este acto comunicativo. Hace sólo unas décadas, el investigador Albert Mehrabian, descompuso en porcentajes el impacto de un mensaje de la siguiente manera:

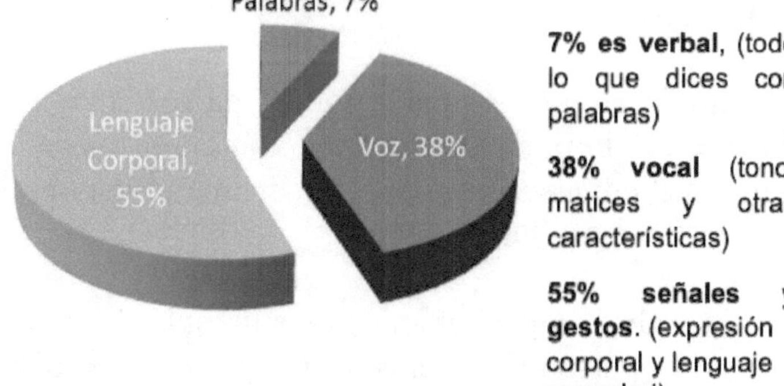

El componente verbal se utiliza para comunicar información, y el no verbal para comunicar estados y actitudes personales. Este investigador, Albert Mehrabian, afirma que en una conversación cara a cara, el componente verbal es un 35% y más del 65% es comunicación no verbal.

Cuando hablamos de Comunicación Asertiva o Asertividad, incluimos la actitud de esa comunicación, ya que, es la forma en la que una persona expresa sus opiniones desde el respeto hacia el otro, de una forma clara y pausada.

La pregunta que debes estar haciéndote en este momento es: y ahora, ¿cómo hablo?;

La verdadera comunicación asertiva, la que acerca posturas, y te permite expresarte con la certeza de que no vas a herir a nadie, se basa en la siguiente fórmula:

1. Observar los hechos sin juzgar
2. Responsabilizarte de tus sentimientos
3. Encontrar tus necesidades no cubiertas
4. Hacer una petición concreta, que respete las necesidades de las personas

Esta comunicación, es empatía pura. Una vez empieces a usarla, no solo te parecerá natural expresar tus necesidades, sino que, enterrarás tu papel de víctima al responsabilizarte por fin de tus emociones.

Aunque, recuerda que el objetivo de este estilo de comunicación, no es persuadir o convencer a otros de tus ideas o planteamientos, la meta, es lograr que comprendan plenamente tus necesidades y emociones.

1. Observa y comunica los hechos sin juzgar

La base de la asertividad, es separar tus observaciones de tus evaluaciones. Para ello, debes describir lo que ha ocurrido sin emitir ningún juicio o interpretación, simplemente, explicando de la forma más objetiva que puedas, lo que has observado. Si no lo haces así, y tu interlocutor percibe que estás emitiendo un juicio sobre lo que es bueno o es malo, va a dejar de escucharte desde el primer segundo. Imagínate que llevas 15 minutos haciendo cola para pagar en la caja del supermercado, te descuidas un momento para mirar el celular, y cuando vuelves a levantar la vista, ves que hay una persona delante de ti, que antes no estaba.

Si le dices: "Usted, es un maleducado, ¡se ha colado!", probablemente, esa persona se defienda, porque en su realidad interna, nadie se considera grosero. Pero si le dices: "Disculpe, antes usted no estaba delante de mí", es más probable que reconozca la situación. Sí, quizás niegue tu observación, pero entenderás por qué lo hace y cómo lidiar con eso.

Lo importante, es que describiendo lo que has observado sin añadir ninguna evaluación personal, aumentarás las probabilidades de que te escuchen, evitando que se pongan a la defensiva de inmediato.

Transformar tus interpretaciones en simples observaciones, te ayudará a responsabilizarte de tus reacciones, tomando tus necesidades como el origen de tus sentimientos, en lugar de culpabilizar a los demás. Porque, como dijo en su momento el filósofo Krishnamurti: *observar sin juzgar, es la forma más elevada de inteligencia humana*".

2. Identifica y expresa tus sentimientos

Si el primer paso de la comunicación asertiva es observar sin juzgar, el segundo, es expresar tus sentimientos. Esto es muy importante por una razón: porque tus sentimientos son la única realidad que no admite discusión. Para demostrártelo, antes debo hablarte del Camino a la Acción.

El Camino a la Acción es el proceso mental a través del cual:
• Recibes una información.
• Las mezclas con tus conocimientos y necesidades para transformarla en pensamientos.
• Esos pensamientos te causan sentimientos.
• Actúas en función de esos sentimientos.

De esas 3 etapas que preceden tus actos (información, pensamientos, sentimientos) ¿cuál dirías que es la única realidad indiscutible? ¿Puede ser la información que recibes?
No. La información que recibes puede ser incompleta o simplemente contener cosas que no puedes percibir. Si vas conduciendo y un automóvil se sitúa en tu "punto ciego" o ángulo muerto, no lo verás, pero el vehículo seguirá estando ahí. La información que observas NO tiene por qué ser la realidad.

¿Y tus pensamientos? Imagínate que tienes tu primera cita después de conocer a alguien por internet. Esperas 10, 20 y hasta 40 minutos hasta que decides llamar, y tiene el teléfono celular apagado.

¿Qué pensarías? Probablemente que te han plantado, especialmente, si te ha ocurrido antes; pero, ¿y si resulta que de camino se le ha estropeado el teléfono, y además se ha equivocado de ruta, habiendo terminado en la otra punta de la ciudad?, ¿Improbable?, bueno, apuesto a que a ti te ha ocurrido. Así pues, tus pensamientos NO tienen por qué ser realidad.

Lo único que es real e indiscutible son tus sentimientos. Aunque la información que recibas sea incorrecta, y lo que pienses esté equivocado, lo que seguro es cierto, es lo que eso te hace sentir. Si te sientes triste, ¿alguien puede convencerte de que estás alegre? No, tu tristeza es real.

Las situaciones y los actos de las personas nos provocan emociones, y solo comunicándolas conseguiremos expresar nuestra realidad más interna. Porque, aunque sean negativas, se ha demostrado científicamente que es una de las formas más eficaces de generar empatía, la base de la asertividad.

El problema, es que no estamos acostumbrados a identificar nuestros sentimientos, porque nos centramos en juzgar qué hacen mal los otros. Lo más habitual, es decir: "mi pareja no me entiende" cuando lo que correspondería es: "no me siento comprendido por mi pareja".

La clave, es centrarte en describir tus sensaciones internas, en lugar de explicar tus pensamientos o interpretaciones de los actos de los demás. Por ejemplo: "Me siento solo" describe una experiencia emocional tuya, mientras que "Siento que no me quieres" es una interpretación de los sentimientos de la otra persona, y como tal, puede estar equivocada.

Evita, dar a entender que hay algo incorrecto en el otro. Solo así, conseguirás que empaticen contigo y empiecen a respetar tus necesidades.

3.Encuentra tu necesidad no satisfecha

El tercer paso, consiste en encontrar y expresar tus necesidades reales. Es el paso más difícil, pero también la llave de la comunicación asertiva.

Primero, debes tener claro, que tus sentimientos no aparecen por arte de magia. Tampoco los provocan los actos de los demás: los crean tus necesidades. Te sientes bien cuando tus necesidades están satisfechas, y mal cuando no lo están. Por ejemplo, si te sientes solo, es porque necesitas recibir más afecto y cariño. Si te enfadas, cuando alguien se apropia de tus méritos en el trabajo, es que necesitas sentirte reconocido.

Las necesidades representan la parte más profunda de nuestra humanidad, por eso, todos compartimos las mismas. Existen muchas clasificaciones, pero yo las separo en las siguientes:

Las necesidades vitales (comer, dormir) suelen estar siempre cubiertas, pero a las otras (seguridad, identidad, aprecio, libertad, comprensión y diversión) les darás más o menos importancia según la situación y momento en que estés.

Pero todo el mundo comparte las mismas necesidades. Todos necesitamos sentirnos apreciados, seguros o comprendidos. Por eso, es más fácil conectar con la gente cuando las expresas, porque saben a lo que te refieres; y esto nos lleva a otra de las claves principales de las relaciones personales.

Cuando no entiendas los motivos de alguien para hacer o decir algo, para enfadarse o deprimirse, pregúntate: ¿qué necesidad no cubierta puede haber detrás?, o mejor aún, pregúntale: ¿qué necesita realmente?

Quizás, ahora estés pensando que mostrar tus necesidades te hará vulnerable, pero la realidad es todo lo contrario. Te ayuda a empatizar con los demás, porque estarás hablando en un lenguaje universal, y eso provoca que también sientan la necesidad de abrirse, tal y como quedó demostrado en este estudio. Nuestras necesidades son el motor de nuestro comportamiento, y las críticas que la gente emite, son el reflejo de que no las han satisfecho.

Si alguien te dice: "Es que nunca me escuchas", lo que quiere comunicar realmente, es que su necesidad de comprensión, no está cubierta. Si tu pareja te recrimina, que te importa más tu trabajo que ella, lo que en realidad te está diciendo, es que necesita más afecto.

Esta es la fase más difícil de la comunicación asertiva, porque no estamos educados para identificar y expresar nuestras necesidades, sino para juzgar a los demás cuando no las respetan, pero es imprescindible para alcanzar el paso final.

4. Haz una petición activa y concreta

Llegamos a la última etapa de la asertividad. Consiste, en expresar claramente lo que quieres o esperas de los demás. Identifica qué comportamiento lograría satisfacer tu necesidad no cubierta, y exprésalo con detalle para que la otra persona pueda decidir si quiere ayudarte a cubrirla.

Lo mejor de todo, es que al haber expuesto previamente tu necesidad no cubierta en el paso 3, habrás creado una conexión empática y estará más dispuesta a decirte que sí. ¡Pero cuidado! Habitualmente cometemos dos errores al hacer peticiones:

• Decir lo que no queremos en lugar de lo que sí queremos.
• Concretar poco y dejarlas abiertas a la interpretación de los demás.

Un ejemplo:

Decir: "No me grites" a alguien, no le muestra el camino a seguir a partir de ahora. Tú, lo que quieres decirle es: "Trátame con respeto", ¿verdad?

Está bien decir: "Trátame con respeto", es mejor porque expresa lo que sí quieres, pero tiene otro problema: es demasiado vago y no concreta nada; en cambio, decir: "¿Te importaría dejarme terminar de hablar y bajar la voz conmigo?", eso sí, que expresa específicamente lo que quieres.

Otro ejemplo:

"No me gusta que llegues tarde" no es ni concreto, ni comunica la acción que esperas de alguien. "Me gustaría que fueras puntual" expresa tu deseo, pero tampoco lo especifica. Sin embargo, decir: "¿Cómo crees que puedo conseguir qué llegues 5 minutos antes a las reuniones?" eso sí, que informa exactamente del siguiente paso que esperas en esa persona.

Céntrate en lo que quieres y sé lo más específico posible. Convierte tus peticiones en acciones concretas que los demás puedan realizar. Cuanto más claro seas, más probabilidades tendrás de que satisfagan tus necesidades.

Por último, cuando hagas una petición, asegúrate de que en ningún momento se convierte en una exigencia; de lo contrario, no estarás empatizando con la otra persona, sino demostrándole, que antepones tus necesidades a las suyas.

Cuando alguien percibe que no vas a reaccionar mal, responda lo que responda, generarás confianza, se sentirá más libre y las probabilidades de que acepte se multiplicarán por dos. Está demostrado científicamente.

También, es importante realizar tus peticiones en forma de pregunta, porque así demostrarás que respetas sus necesidades. Tal y como avala este estudio, preguntar es más convincente que pedir. Cuando a pesar de todo esto, te encuentres con un no, habitualmente significará que tu petición supone un sacrificio demasiado grande en las necesidades de la otra persona; entonces, deberás continuar dialogando para encontrar nuevas posibilidades, que os permitan satisfacer las necesidades de ambos.

• Ejemplos de comunicación asertiva:

Si unimos las 4 etapas de la comunicación asertiva, quedaría algo así:

• Observación: Cuando veo/oigo [tu observación].
• Sentimiento: Siento que [tu sentimiento].
• Necesitad: Porque necesito [tu necesidad no satisfecha].
• Petición: ¿Podrías/Te importaría hacer [algo concreto]?

Imagínate, que quieres pedirle a un compañero de trabajo que deje de presentar los proyectos en equipo, como si él fuera el único responsable. Sí, un día puedes perder la paciencia y decirle: "¡Estoy harto, de que nunca me reconozcas nada!".

O también, puedes usar este esquema asertivo y decir:

Las dos últimas veces que has presentado el proyecto, no has mencionado mis aportaciones (tu observación) y eso me desconcierta, (tu sentimiento) porque me gustaría que se reconociera mi trabajo (tu necesidad). ¿Te importaría mencionar de qué forma yo también he colaborado la próxima vez que lo presentes? (tu petición).

Ahora, supón que tu pareja se pasa varias horas al día viendo series en la televisión y lleváis meses sin hacer algo juntos.

Puedes decirle: "Está claro que ya no te importo, porque nunca salimos juntos".

O usar la comunicación asertiva, y decirlo así:

Llevamos varios meses sin salir a hacer algo juntos, (la observación) y eso me entristece, (tu sentimiento) porque me gustaría sentir que me quieres (tu necesidad). ¿Podemos salir este sábado a cenar a nuestro restaurante favorito? (tu petición).

A menudo, no será necesario que menciones todos los componentes del proceso, porque ya quedarán claros, pero al principio, es buena idea que te acostumbres, para no dar pie a otras interpretaciones. Importantísimo aclarar, que, para ser asertivo, es indispensable que exista coherencia entre lo que dices con tus palabras y lo que expresa tu cuerpo.

LA EXPRESIÓN Y EL LENGUAJE CORPORAL

El lenguaje corporal, es una forma de comunicación que utiliza los gestos, posturas y movimientos del cuerpo y rostro para transmitir información sobre las emociones y pensamientos del emisor. Suele realizarse a nivel inconsciente, de manera que, habitualmente, es un indicador muy claro del estado emocional de las personas. Junto con la entonación vocal, forma parte de la comunicación no verbal.

El lenguaje corporal, ha sido objeto de muchos estudios como el que mencionamos párrafos atrás, y también, origen de bastantes mitos; sin embargo, no es nada despreciable la influencia del lenguaje del cuerpo en nuestras habilidades sociales, además, de ser un excelente espejo de las emociones reales de nuestros interlocutores.

El idioma del cuerpo, no debe ser tomado como una verdad absoluta, porque existen muchos factores ambientales que pueden influir sobre él. Por eso, nunca debes llegar a una conclusión interpretando un único signo corporal; la clave está, en observar conjuntos de signos congruentes entre sí, y descartar posibles causas externas

En 1868, el naturalista Británico Charles Darwin, emprendió un estudio para probar que los humanos, como los animales, tienen un conjunto de expresiones emocionales innatas y universales: un código que usamos para entender, y para que nos entiendan los sentimientos; en 1872 publicó: "La expresión de las emociones en el hombre y en los animales", es uno de los libros más desconocidos de Darwin, aunque, fue concebido como parte de una trilogía, que completaría la senda de "El origen de las especies, y El origen del hombre".

Fue un libro atípico para la época, que incluyó imágenes fotográficas para ilustrar el manuscrito, pero no ha sido el único, otros hombres de ciencia nos han ayudado a entender este lenguaje, como el psicólogo Paul Ekman, en su obra: "Las micro expresiones faciales de las emociones" (1972) y Philippe Turchet con su estudio: "El lenguaje universal del cuerpo - Sinergología" (2009). Queda claro, pues, que es Imposible no comunicar.

Veamos todo lo que somos capaces de comunicar, con nuestro cuerpo y rostro.

LAS CLAVES DEL LENGUAJE CORPORAL

1. Significado de los gestos de la cara

El rostro, es la lupa de las emociones, por eso, se dice que es el reflejo del alma; pero como en toda interpretación, del lenguaje no verbal, debes ir con cuidado de no evaluar los gestos de la cara por separado, ya que, habitualmente, forman parte de un estado emocional global, y pueden dar lugar a varias interpretaciones.

¿Verdad, que cuando un niño ve algo que no le gusta, se tapa los ojos en un intento de hacer que eso desaparezca de su realidad?, ¿O corre a taparse la boca después de decir una mentira?, pues, aunque en los adultos la magnitud es mucho menor, en cierta medida, seguimos atados a este comportamiento primitivo; y eso da muchas pistas, porque en la cara todavía, se pueden detectar muchos intentos inconscientes de bloquear lo que decimos, oímos o vemos. En general, cuando alguien se lleva las manos a la cara, suele ser producto de algún pensamiento negativo, como inseguridad o desconfianza; aquí tienes varios ejemplos concretos.

• Taparse o tocarse la boca: si se hace mientras se habla, puede significar un intento de ocultar algo. Si se realiza mientras se escucha, puede ser la señal de que esa persona cree que se le está ocultando algo.
• Tocarse la oreja: es la representación inconsciente del deseo de bloquear las palabras que se oyen. Si tu interlocutor lo realiza mientras hablas, puede significar que desea que dejes de hablar.
• Tocarse la nariz: puede indicar que alguien está mintiendo. Cuando mientes se liberan catecolaminas, unas sustancias que inflaman el tejido interno de la nariz y pueden provocar picor. También ocurre cuando alguien se enfada o se molesta.
• Frotarse un ojo: es un intento de bloquear lo que se ve, para no tener que mirar a la cara a la persona a la que se miente. Cuidado con la gente que se toca mucho la nariz y se frota los ojos cuando habla contigo.

• Rascarse el cuello: señal de incertidumbre o de duda con lo que uno mismo está diciendo.
• Llevarse un dedo o algo a la boca: significa inseguridad o necesidad de tranquilizarse, en una expresión inconsciente de volver a la seguridad de la madre.

2. Posiciones de la cabeza

Comprender el significado de las distintas posiciones que puede adoptar alguien con la cabeza, es muy eficaz para entender sus intenciones reales, como las ganas de gustar, de cooperar o de mostrarse altivo. Presta especial atención a las posturas muy exageradas, porque significan que esa persona lo está haciendo de forma consciente para influenciarte.

• Levantar la cabeza y proyectar la barbilla hacia adelante: un signo que pretende comunicar expresamente agresividad y poder.
• Asentir con la cabeza: se trata de un gesto de sumisión contagioso que puede transmitir sensaciones positivas. Comunica interés y acuerdo, pero si se hace varias veces muy rápido puede comunicar que ya se ha escuchado bastante.
• Ladear la cabeza: es una señal de sumisión al dejar expuesta la garganta. Si lo realizas mientras asientes cuando estés escuchando a alguien, lograrás aumentar la confianza de tu interlocutor hacia ti. En el caso de las mujeres, también se ha observado que se emplea para mostrar interés por un hombre.
• Apoyar la cara sobre las manos: se expone la cara habitualmente con el objetivo de "presentársela" al interlocutor, por lo tanto, demuestra atracción por la otra persona.

• Apoyar la barbilla sobre la mano: si la palma de la mano está cerrada es señal de evaluación. Si la palma de la mano está abierta puede significar aburrimiento o pérdida de interés.

3. La mirada también habla

La comunicación mediante la mirada, tiene mucho que ver con la dilatación o contracción de la pupila, la cual reacciona a los estados internos que experimentamos; por ese motivo, los ojos claros suelen ser más atractivos que los oscuros: porque permiten mostrar de forma más evidente la dilatación de la pupila, una respuesta asociada a las emociones positivas.

Cuando hablas, sueles mantener contacto visual entre un 40 y un 60% del tiempo; eso es debido, a que tu cerebro está ocupado intentando acceder a la información En ciertas situaciones sociales, la falta de contacto visual puede interpretarse como nerviosismo o timidez, así que, simplemente, haciendo una pausa antes de responder, ganarás el tiempo necesario para acceder a la información sin necesidad de tener que apartar la mirada.

Mirar directamente a los ojos cuando haces una petición, también es útil para aumentar tu capacidad de persuasión (puedes leer el estudio completo aquí); pero además, existen otras funciones de la mirada:

• Variar el tamaño de las pupilas no puede controlarse, pero la presencia de pupilas dilatadas, suele significar que se está viendo algo que agrada, mientras que las pupilas contraídas expresan hostilidad. En cualquier caso, son variaciones muy sutiles, que a menudo quedan enmascaradas por los cambios ambientales en la intensidad de la luz. También se ha descubierto, que las neuronas espejo, son las responsables de que el tamaño de nuestras pupilas se ajuste al de nuestro interlocutor, en un intento de sincronizar el lenguaje corporal para generar mayor conexión.

• Levantar las cejas: es un saludo social que implica ausencia de miedo y agrado, hazlo frente a las personas a las que quieras gustar.
• Bajar la cabeza y levantar la vista: en el sexo femenino se considera una postura que transmite sensualidad para atraer a los hombres; de hecho, muchas fotos de perfil de mujeres en páginas de citas online son tomadas precisamente desde arriba (a veces con la intención adicional de mostrar el escote). En los hombres es al revés: tomas inferiores para parecer más alto y dominante.
• Mantener la mirada: en el caso de las mujeres, establecer contacto visual durante 2 o 3 segundos para después desviar la mirada hacia abajo puede ser un indicador de interés sexual.
• Pestañear repetitivamente: es otra forma de intentar bloquear la visión de la persona que tienes enfrente, ya sea por aburrimiento o desconfianza.
• Mirar hacia los lados: otra manera de expresar aburrimiento, porque de forma inconsciente estás buscando vías de escape.

4. Tipos de sonrisa

La sonrisa es fuente inagotable de significados y emociones. Tienes un artículo entero sobre todos los beneficios de sonreír así como lo que es posible comunicar con ella. Además, gracias a las neuronas espejo, sonreír es un acto tremendamente contagioso capaz de provocar emociones muy positivas en los demás. Pero no existe solo una, sino que en realidad es posible distinguir varios tipos de sonrisa según lo que comunican:

• En una sonrisa falsa, el lado izquierdo de la boca suele elevarse más, debido a que la parte del cerebro más especializada en las emociones, está en el hemisferio derecho, el cual, controla principalmente la parte izquierda del cuerpo.
• La sonrisa natural, es la que produce arrugas junto a los ojos, eleva las mejillas y desciende levemente las cejas.
• Una sonrisa tensa, con los labios apretados, denota que esa persona no desea compartir sus emociones contigo, y es una clara señal de rechazo.

La función biológica de la sonrisa, es la de crear un vínculo social, favoreciendo la confianza y eliminando cualquier sensación de amenaza. Se ha comprobado que también transmite sumisión, por eso, las personas que quieren aparentar poder, y las mujeres que desean conservar su autoridad en entornos profesionales típicamente masculinos, evitan sonreír.

5. Posición de los brazos

Los brazos, junto a las manos, sirven de apoyo a la mayoría de movimientos que realizas, también permiten defender las zonas más vulnerables de tu cuerpo en situaciones de inseguridad percibida. La propiocepción, nos ha enseñado que la vía de comunicación entre el cuerpo y la mente es recíproca.

Cuando experimentas una emoción, tu cuerpo la reflejará inconscientemente, pero también ocurre lo contrario: si adoptas voluntariamente una posición, tu mente empezará a experimentar la emoción asociada, esto se hace especialmente evidente cuando te cruzas de brazos.

Hay mucha gente que cree que se cruza de brazos porque se siente más cómoda, pero los gestos, se perciben naturales cuando están alineados con la actitud de la persona, y la ciencia ya ha demostrado, que cruzarlos predispone a una actitud crítica, por muy confortable que parezca el gesto. ¡Fíjate, que cuando te lo estás pasando bien con amigos no cruzas los brazos!

Esto, es lo que comunicas cuando tomas una determinada postura con tus brazos:

• Cruzar los brazos: muestra desacuerdo y rechazo. Evita hacerlo, a no ser, que precisamente quieras enviar este mensaje a los demás. En un contexto sensual, las mujeres suelen hacerlo cuando están en presencia de hombres que les parecen demasiado agresivos o poco atractivos.
• Cruzar un solo brazo por delante para sujetar el otro brazo: denota falta de confianza en uno mismo al necesitar sentirse abrazado.
• Brazos cruzados con pulgares hacia arriba: postura defensiva, pero que a la vez quiere transmitir orgullo.
• Unir las manos por delante de los genitales: en los hombres, proporciona sensación de seguridad en situaciones en que se experimenta vulnerabilidad.
• Unir las manos por detrás de la espalda: demuestra confianza y ausencia de miedo al dejar expuestos puntos débiles como el estómago, garganta y entrepierna; puede ser útil adoptar esta postura en situaciones de inseguridad para intentar ganar confianza.

En general, cruzarse de brazos implica que se está experimentando inseguridad. De ahí, la necesidad de proteger el cuerpo. Existen multitud de variaciones como ajustarse el reloj, situar el maletín delante del cuerpo, o sujetar un bolso con las dos manos enfrente del pecho, pero todas vienen a significar lo mismo.

6. Gestos con las manos

Las manos, juntamente con los brazos, son una de las partes más móviles del cuerpo, y, por lo tanto, ofrecen un enorme registro de posibilidades de comunicación no verbal; lo más común, es usarlas para señalar ciertas partes del cuerpo, con el objetivo de mostrar autoridad o sexualidad.

También sirven para apoyar los mensajes verbales y darles mayor fuerza:

• Existe una parte del cerebro llamada el área de Broca, que está implicada en el proceso del habla, pero se ha comprobado, que también se activa al mover las manos; esto, implica que gestualizar está directamente unido al habla, así que, hacerlo mientras te expresas, puede incluso, mejorar tu capacidad verbal. ¡Muy útil en personas que se bloquean al hablar en público!
• También se ha demostrado en un estudio, que reforzar con gestos una frase, consigue que te lleguen antes a la mente las palabras a usar, y también, que tu mensaje sea mucho más persuasivo y comprensible. En esa investigación, se comprobó que los gestos más persuasivos, son los que están alineados con el significado verbal, como señalar hacia atrás al referirse al pasado.

A continuación, te mostraré todo lo que conozco sobre el significado de los gestos de las manos:

• Mostrar la palma abierta: expresa sinceridad y honestidad, mientras que, cerrar el puño muestra lo contrario.
• Manos en los bolsillos: denota pasotismo y desimplicación en la conversación o situación.
• Enfatizar algo con la mano: cuando alguien ofrece dos puntos de vista con las manos, normalmente, el que más le gusta, lo refuerza con la mano dominante y la palma hacia arriba.
• Entrelazar los dedos de ambas manos: transmite una actitud reprimida, ansiosa o negativa. Si tu interlocutor adopta esta postura, rómpela, dándole algo para que tenga que sujetarlo.
• Puntas de los dedos unidas: expresa confianza y seguridad, pero puede llegar a confundirse con arrogancia. Muy útil para detectar si los rivales tienen buenas manos al jugar al póquer.
• Sujetar la otra mano por la espalda: es un intento de controlarse a uno mismo, por lo tanto, expresa frustración o un intento de disimular el nerviosismo.
• Mostrar los pulgares por fuera de los bolsillos: en los hombres, representa un intento de demostrar confianza y autoridad frente a mujeres que les atraen, aunque en una situación conflictiva también puede ser una forma de transmitir agresividad.
• Ocultar sólo los pulgares dentro de los bolsillos: es una postura que enmarca y destaca la zona genital, por lo tanto, es una actitud sexualmente abierta, que realizan los hombres para transmitir ausencia de miedo o interés sexual por una mujer.
• Llevarse las manos a las caderas: indica una actitud sutilmente agresiva, ya que quiere aumentar la presencia física.

Muchos hombres, la usan tanto para establecer superioridad en su círculo social, como para aparentar mayor masculinidad en presencia de aquellas mujeres que les atraen. Cuanto más se exponga el pecho, mayor agresividad se comunicará.

7. Posición de las piernas

Las piernas, juegan un papel muy interesante en el lenguaje corporal; al estar más alejadas del sistema nervioso central (el cerebro), nuestra mente racional tiene menos control sobre ellas y les permite expresar sentimientos internos con mayor libertad.

Cuanto más lejos del cerebro esté una parte del cuerpo, menor control tienes sobre lo que está haciendo. En general, el ser humano está programado para acercarse a lo que quiere y alejarse de lo que no desea. La forma como alguien sitúa sus piernas puede darte algunas de las pistas más valiosas sobre la comunicación no verbal, ya que te estará señalando hacia donde quiere realmente ir.

• El pie adelantado: el pie más avanzado casi siempre apunta hacia donde querrías ir. En una situación social con varias personas también apunta hacia la persona que te llama la atención.

Si quieres que alguien de forma emocional sienta que le estás dando toda tu atención, asegúrate de que tus pies están encarados hacia él; de la misma manera, cuando tu interlocutor apunta con sus pies hacia la puerta, en lugar de hacia ti, es una señal bastante evidente de que quiere terminar la conversación.

En una situación social, que haya una persona sentada con brazos y piernas cruzados, probablemente signifique que se ha retirado de la conversación. De hecho, los investigadores Allan y Bárbara Pease, realizaron un experimento que demostró que las personas recordaban menos detalles de una conferencia, si la escuchaban con los brazos y piernas cruzados.

• Piernas cruzadas: es una actitud defensiva y cerrada que protege los genitales. En el contexto del cortejo, puede comunicar rechazo sexual por parte de la mujer hacia el hombre.
• Sentado con una pierna elevada apoyada en la otra: típicamente masculina, revela una actitud competitiva o preparada para discutir; sería la versión sentada de exhibición de la entrepierna.
• Piernas muy separadas: otro gesto básicamente masculino, que quiere transmitir dominancia y territorialidad.
• Sentada con las piernas enroscadas: en las mujeres, habitualmente significa cierta timidez e introversión.
• Sentada con una pierna encima de la otra en paralelo: varios autores reconocen que en las mujeres puede interpretarse como cortejo al intentar llamar la atención hacia las piernas, puesto que en esta postura quedan más presionàdas y ofrecen un aspecto más juvenil y sensual.

Aprender a detectar incongruencias entre el lenguaje verbal y el corporal, te puede resultar muy útil. Lo que el cuerpo indica suele ser muy fiable, ya que los humanos somos incapaces de controlar todas las señales que está emitiendo.

Recuerda, que debes interpretar todas estas señales corporales dentro de un contexto global y con ciertas limitaciones; no saques conclusiones de un único gesto, alguien podría cruzarse de brazos, porque sencillamente tiene frío, o porque es un movimiento que ha mecanizado y le ha quitado parte de su significado real.

Te aconsejo, que practiques los gestos positivos y abiertos que he descrito aquí, para mejorar la confianza en ti mismo.

Capítulo 5
Trabajo en Equipo
y Liderazgo

"Yo hago lo que tú no puedes,
y tú haces lo que yo no puedo.
Juntos podemos hacer grandes cosas"

Madre Teresa de Calcuta

En 1950, Rafael Molano, era un empleado de la cervecería Bavaria en Bogotá, que eventualmente, comenzó a vender a sus compañeros de trabajo los ponqués que Doña Ana Luisa, su esposa, le preparaba. La necesidad de Rafael de pagar los 145 pesos de la cuota mensual de la casa sin retrasarse y de poder sostener sus amadas noches de bohemia, lo llevaron a idearse la manera de conseguir ingresos extra, a los que recibía como ejecutivo de nivel medio, en la fábrica donde estaba encargado de que la logística y las ventas funcionaran. Antes de eso, su primer puesto en la compañía fue como celador, y a base de esfuerzo logró escalar algunos peldaños en la cervecería.

El negocio fue tan próspero, que tan solo un año después, don Rafael comenzó a vender en tiendas. Pero, para que el producto rotara a la altura de su aceptación, decidió, con la ayuda de un tendero, venderlo tajado. Para que el Ponqué Ramo no se 'desparramara', doña Ana Luisa lo amarró con una cinta de seda blanca y lo adornó con un ramo del mismo material, los pedidos aumentaron y la fábrica hogareña, tuvo que ser reemplazada por una planta para estandarizar su producción. Luego de un viaje por el mundo, decide implementar el sistema de distribución de

ponqués en triciclos, inspirado en los que transitan las calles de China; mostrando que mientras se trabajaba, se podía practicar ciclismo, un concepto muy innovador, con el que consiguió vendedores e implementó un sistema de distribución puerta a puerta, que perdura hasta hoy y que, incluso, ha sido copiado por multinacionales. Hoy, Productos Ramo produce su propia harina, su chocolate y hasta los 500 mil huevos diarios que necesita.

Actualmente, y después de la crisis de 2020, por medio de su portal web y alianzas con plataformas como Rappi, Merqueo y Ubereats, la compañía no solo logró mantener a flote las ventas en el periodo más crítico de la cuarentena obligatoria, sino que, mantuvo este año las cifras reportadas en 2019 en ventas y operaciones. Según la Superintendencia de Sociedades, Productos Ramo vendió $458.000 millones, un incremento de 4,8% frente a lo reportado en el año inmediatamente anterior.

El trabajo en equipo o trabajo cooperativo, incluye aquellas labores que se realizan de manera compartida y organizada, en las que cada quien asume una parte y todos tienen el mismo objetivo en común. Se trata, de una forma de organización del trabajo, basada en el compañerismo, ya que el equipo debe asumir en conjunto y de manera articulada todas las tareas a realizar, y no simplemente, repartirlas para luego juntarlas. El trabajo en equipo, es uno de los más antiguos modos de organización laboral de la humanidad, y una de las habilidades sociales y laborales más solicitada en la actualidad, cuyo mayor potencial está justamente, en su capacidad para organizarse socialmente.

De hecho, la presencia del lenguaje en nuestra especie, sostiene ese punto: somos animales gregarios y podemos realizar grandes hazañas cuando nos ponemos de acuerdo. Por otro lado, el trabajo en equipo generalmente, requiere un conjunto de reglas comunes, o al menos, un acuerdo de conducta, que permita disminuir las fricciones y tensiones propias de la convivencia y del enfrentamiento de puntos de vista distintos.

VENTAJAS Y DESVENTAJAS
DEL TRABAJO EN EQUIPO

El trabajo en equipo. presenta considerables ventajas para sus integrantes, tales como:

• Mayor capacidad de trabajo, gracias a la sinergia de los integrantes del grupo.
• Mayor velocidad de culminación del trabajo, debido a lo anterior.
• Mayor capacidad de intercambio de información y experiencias compartidas.
• Mayor diversidad en el abordaje del problema, lo cual. se traduce en riqueza de perspectivas.
• Refuerzo de los vínculos de cooperación, cohesión y espíritu colectivo.

De manera similar, el trabajo en equipo puede presentar las siguientes desventajas:

• Posibles tensiones en torno al liderazgo, o al mecanismo de trabajo.
• Riesgo de dispersar la energía del grupo en pequeñas actividades inconexas.
• Demora de los procesos ante excesivo debate.
• La responsabilidad puede diluirse en el colectivo.
• Deserciones o trabajo de mala gana, cuando hay tensiones irresueltas.

El trabajo en equipo, es fundamental en un amplio número de las experiencias humanas, y en muchas otras, es sencillamente inevitable. Los equipos de trabajo suelen ser una herramienta versátil y de alto impacto en la solución de problemas, nutriéndose de la diversidad y la sinergia. Por un lado, brinda a sus miembros la experiencia satisfactoria de resolver un problema de manera conjunta; por otro lado, los grandes problemas, suelen ser más simples de resolver, cuando se pueden delegar tareas e integrar un equipo, en vez de enfrentarlos en solitario; además, nadie sabe hacer de todo, y necesitar a los demás, es una parte central de la experiencia social.

CLAVES PARA EL TRABAJO EN EQUIPO

Una guía rápida para el trabajo en equipo exitoso necesariamente contemplará las siguientes recomendaciones:

• Debe haber un liderazgo: constituir un equipo, no significa que no haga falta jerarquías, si bien, éstas deberán ser de mutuo acuerdo, y deberán contar con la aprobación del equipo. La experiencia, la personalidad, la instrucción formal, son criterios posibles y variables para elegir al líder y a los líderes.

• Se necesitan reglas claras y formales: todo grupo tiene sus acuerdos, y esos acuerdos deben cumplirse. ¿Cómo elegir a los líderes?, ¿Cómo elegir líderes nuevos?, ¿Qué tarea corresponde a cada uno? Todo ello, debe acordarse y establecerse para que los miembros del grupo sepan qué se espera de ellos.

• La comunicación es fundamental: como en la mayoría de las relaciones sociales, se debe evitar asumir el pensamiento del otro, y brindar en cambio, la mayor cantidad de información útil al equipo; de este modo, es más probable, que todos evalúen sus distintas problemáticas desde un punto de vista semejante.

• Los éxitos se celebran en conjunto; lo cual, quiere decir, que el espíritu grupal debe primar, comprendiendo cada logro como un logro del equipo, y reforzando la idea de que trabajar juntos, es más y mejor que trabajar por separado.

La definición de liderazgo, establece que es un conjunto de habilidades que tiene una persona, para guiar a otras e influenciarlas para que trabajen con entusiasmo y logren de este modo sus objetivos. Un buen líder para una empresa, debe ser un profesional que esté constantemente creciendo, perfeccionándose, formándose, alguien proactivo, y, sobre todo, alguien absolutamente adaptable y capaz de realizar sin problemas el trabajo en equipo.

Debe ser comunicativo, honesto, estratega, disciplinado, creativo, con capacidad de tomar decisiones, debe poder actuar bajo presión, poder y saber negociar, entre otras características; claro está, que es algo complicado que alguien cumpla con todas esas exigencias, pero éstas por lo menos te proporcionan un perfil.

Se supone, que un buen líder no es un amigo, sino un guía; es alguien que quiere que crezcas y te superes profesionalmente, y que, en ese camino, aportes mejoras para la organización que integras. Un buen líder, querrá que des el 100% de tu potencial para que tú mismo compruebes cuáles son tus capacidades, y para que la empresa vea la clase de trabajador que eres ¡Incluso, esto puede costarte un ascenso! Debes saber, que existen varias clases de liderazgo:

• El autocrático: donde los líderes tienen el poder absoluto sobre los demás.
• El burocrático: quien sigue todas las reglas al pie de la letra.
• El liderazgo carismático: uno de los mejores, porque es ese líder, el que inspira entusiasmo en sus trabajadores, aunque cree más en sí mismo que en el equipo de trabajo.
• El líder Laissez-faire: es una expresión que significa: "déjalo ser", este tipo de persona deja que sus empleados trabajen por su cuenta; es un tipo efectivo cuando los miembros del equipo tienen bastante experiencia en el rubro.
• El liderazgo empresarial: es aquel, donde el líder de la organización puede lograr una motivación con la que se lleguen a alcanzar las metas de la empresa, y los empleados sientan esos logros como propios.
• El liderazgo natural: corresponde, a un líder no formal que ha surgido entre los empleados, porque tiene la capacidad de solucionar problemas o guiarlos.
• El liderazgo transaccional: es quien permite, que los empleados entren a esa empresa, acordando obedecer a todo lo que él plantee; se enfoca más en tareas a corto plazo.

Lo que pensamos que puede ser mejor, es un líder natural, convertido en un líder formal, porque esa persona, ya tiene las habilidades y ya ha tratado a la gente, pero no tiene el poder dentro de la organización. Alguien que merezca el título de líder, conoce las actitudes y características buenas y malas de sus colaboradores, y va a motivar hasta el cansancio a su gente, para que sean siempre los mejores.

Las habilidades de liderazgo, marcan la diferencia en la lucha por el posicionamiento empresarial en el mercado. Un estudio de The Harvard Business Review, encontró, que una de las claves más importantes para determinar el éxito de una empresa, se encuentra en la capacidad de colaboración de sus equipos. "A medida que un negocio se vuelve cada vez más global y transversal, los silos (equipos aislados) se descomponen, la conectividad mejora y el trabajo en equipo es crucial para el éxito organizacional".

De acuerdo a los datos recogidos en este estudio, durante las dos últimas décadas, las actividades colaborativas entre empleados y managers han aumentado un 50% en las empresas, y por este motivo, la capacidad de gestión de equipos de trabajo de dichos managers, se ha vuelto crucial.

Un emprendedor, un empresario, un manager, ahora más que nunca, debe convertirse en un líder; un líder capaz de motivar, inspirar y coordinar a su equipo para que funcione como un reloj suizo. El problema, es que muchas empresas asumen que manager y líder son conceptos sinónimos, y, por lo tanto, todavía es fácil encontrar organizaciones en las que los managers carecen de las habilidades necesarias para asumir esa responsabilidad.

Vamos a ver las 10 habilidades de liderazgo imprescindibles, para que sea cual sea tu profesión u oficio, te conviertas en un buen manager; cualidades entre las que se encuentran algunas tan importantes como la empatía, el compromiso, el valor o la resiliencia. Un gerente, manager, empresario o emprendedor que las desarrolle, será un líder capaz de crear y gestionar equipos colaborativos altamente efectivos.

Saber delegar

Uno de las principales dificultades para un manager, se encuentra en la delegación de tareas. Para algunos managers delegar es un sinónimo de perder el control sobre el proyecto, y por eso, acaban realizando muchas tareas que no les corresponden o molestando a su equipo haciendo sobrevigilancia.

Los problemas derivados de este comportamiento son muchos: por ejemplo, la desmotivación que genera en el equipo la falta de confianza, la falta de tiempo que sufre el manager para realizar las que sí son realmente sus tareas, la pérdida de la perspectiva global o la poca eficiencia derivada de la conmutación mental constante entre tipos de tareas.

Si al proceso de delegación, lo acompañamos con un sistema de reporte de tareas y objetivos, la sensación de pérdida de control desaparecerá, y el líder estará al tanto de todos los progresos en el proyecto.

Capacidad de coordinación y colaboración

Ya hemos visto lo importante que es la colaboración y coordinación de los equipos; por ello, la habilidad de un manager para fomentar estos comportamientos, es indispensable si quiere que su equipo alcance los objetivos sin desperdiciar tiempo ni recursos.

La coordinación y colaboración, ayudan a que no se produzcan solapamientos de trabajo, a que los esfuerzos se alineen en la dirección correcta, a que se innove más, se identifiquen los problemas más rápidamente, y a que se encuentren las mejores soluciones para estos.

Para incentivar coordinación y colaboración, el líder tiene que establecer las técnicas y herramientas que sirvan de canal para dicha coordinación. Hasta hace poco tiempo, las posibilidades eran reducidas, los equipos se comunicaban a través de reuniones o email, pero en los últimos años, plataformas diferentes han surgido como alternativas tecnológicas más avanzadas.

Planificación estratégica

La planificación estratégica, es la habilidad de un líder de conocer el estado actual de la empresa, el equipo humano y los recursos de los que dispone para elaborar una "ruta", que permita a su equipo alcanzar los objetivos establecidos para el proyecto.

La planificación estratégica, está compuesta por diversas habilidades como la intuición, la creatividad y por supuesto, la estrategia. Si un gerente está inmerso en su día a día en tareas puramente ejecutivas, es posible que pierda la visión general de la empresa, y, por lo tanto, no pueda desarrollar esta planificación; por este motivo, es importante, que de vez en cuando, se aleje de estas tareas y dedique un tiempo a contemplar la situación a "vuelo de pájaro".

Habilidad comunicativa

Ya veíamos paginas atrás, la relevancia de esta habilidad;

sin una buena capacidad comunicativa, sería difícil desarrollar el resto de habilidades. Los grandes líderes, siempre se han diferenciado por tener grandes dotes oratorias, pero no nos engañemos, en la comunicación, tan importante es saber hablar, como saber escuchar. Prestar atención, ser conciso o tener un buen control sobre el lenguaje no verbal, son algunas de las claves para mejorar nuestras habilidades comunicativas.

Empatía

La empatía, es la capacidad de percibir lo que otra persona siente, es decir, la capacidad de poder ponerse en el lugar de otras personas (psicológicamente hablando). Un buen líder, debe ser siempre una persona empática, ya que, gracias a ello, podrá modular y adaptar su discurso, dependiendo de la persona o personas con las que se está comunicando. Si somos capaces de ponernos en la piel de nuestros compañeros, clientes o potenciales usuarios, será más fácil que entendamos su situación, y que seamos capaces de desarrollar una buena comunicación con ellos, orientada a conseguir nuestros objetivos.

Motivación e Inspiración

Un equipo motivado no sólo es un equipo que trabaja a un rendimiento superior, sino que también, es más feliz y ayuda a atraer y retener al mejor talento. Existen casos como la guerra de contrataciones abierta entre Tesla y Apple, en los que el salario ya no es un motivo suficiente para retener al talento; es la motivación que inspiran los proyectos y las personas que los lideran los que determinan quién se queda con este talento.

Uno de los objetivos de un buen líder, es motivar a su equipo y suponer una inspiración lo suficientemente importante, como para que el resto de miembros siga su ejemplo. Un manager o gerente, que no es capaz de transmitir esta inspiración, jamás llegará a ser un verdadero líder.

Valor

El valor, es una de las habilidades que diferencia a un jefe de un líder; un líder, demuestra valor cuando toma decisiones difíciles, cuando asume las responsabilidades de sus errores y los de su equipo o cuando tiene que salir de su zona de confort para realizar tareas que están más allá de su deber. Un líder valeroso no implica que tenga que tomar las decisiones a la ligera, siempre hará un exhaustivo cálculo de riesgos, pero lo que nunca hará, será quedarse bloqueado ante una decisión importante o una tarea complicada.

Compromiso

El compromiso se manifiesta de muchas maneras: compromiso con la empresa, para no abandonar en las buenas ni en las malas, compromiso con el equipo, para liderarlo eficazmente, compromiso con los clientes, para ofrecer un valor mayor en el producto, y compromiso con uno mismo, para seguir siempre mejorando. En resumen, el compromiso, se traduce en estar presente donde y cuando se le necesita. El compromiso individual de un líder, se verá amplificado, cuando su equipo también adquiera ese compromiso, y trabaje codo con codo para llevar el proyecto hacia el éxito.

Resolución de problemas

Un líder, también debe ser una persona resolutiva, es decir, una persona con recursos y conocimientos para desatascar y resolver problemas; y es que, en ocasiones, hay ciertos bloqueos que sólo los puede resolver un líder, y es ahí, donde entra la capacidad de resolución de problemas, que permite al equipo seguir avanzando.

Resiliencia

Por último, aunque hemos hablado de la capacidad de resolver problemas, siempre, es inevitable que surjan problemas que no se pueden resolver; por ejemplo, si nuestro equipo llega tarde a la entrega de un proyecto y no lo podemos evitar, tendremos que ser capaces de gestionar las consecuencias, absorber la responsabilidad y no permitir que salpique a nuestro equipo, si él no ha tenido la culpa.

La resiliencia, es precisamente la capacidad de las personas para sobreponerse a situaciones adversas y recuperarse rápidamente de ellas. Un buen líder, no puede permitir que los problemas y adversidades le impidan trabajar; ante situaciones difíciles tiene que sobreponerse rápido y continuar trabajando.

Lo cierto, es que no todos los líderes lo son de forma innata, de hecho, en muchos casos, su eficacia revela un progreso que ha llevado a la persona a desarrollar sus capacidades de liderazgo, con esfuerzo y constancia; precisamente eso, disciplina, es una de las formas de empezar a trabajar por ser un mejor líder. No es el único cambio que hay que abordar, también será preciso, tratar de abarcar, cada vez, mayor responsabilidad, aprender nuevas técnicas de resolución de conflictos, desarrollar la consciencia, descubrir formas nuevas de empoderar a otros y de inspirarles y, por supuesto, seguir formándose.

Capítulo 6
Plataformas Virtuales y Netiqueta

"Es la naturaleza, la que da la nobleza en la conducta;
pero la educación, con todo, enseña las reglas"

Eurípides

Jeff Bezos, nació en Alburquerque en 1964, cuatro años más tarde, su padre los abandonó y su madre se casó con un inmigrante cubano. Se licenció en Princeton en ingeniería eléctrica e informática, y decidió trasladarse a Nueva York para trabajar en Wall Street.

Una de las empresas en las que estuvo trabajando fue D.E. Shaw & Co, uno de los fondos más importantes del momento, y con tan solo 26 años, ya era vicepresidente… Pero Jeff Bezos era una persona con actitud muy inquieta y curiosa, en 1994 leyendo un informe, descubrió que el uso de Internet había crecido un 2300% solamente ese año… y pensó: *«tengo que estar ahí»*, por lo que se puso manos a la obra para descubrir con qué tipo de negocio debía involucrarse. Así que, hizo una lista de 20 productos que las personas de a pie compraríamos con frecuencia, y vio que vender libros, era la mejor opción por precio y universalidad. No perdió el tiempo, se lo comentó a su pareja y se fueron juntos en coche a Seattle, por el camino escribió lo que sería su primer plan de negocios.

Consiguieron un préstamo familiar, y así montaron la primera oficina de Amazon en el garaje de su casa en Seattle; La visión global y expansionista, hizo que Bezos no limitara Amazon a un solo tipo de comercio.

Hoy en día, la empresa comercializa una amplia gama de productos, y está invirtiendo incluso, en transmisiones de vídeo y audio. Tal vez, sea una de las razones que lo llevó a ser considerado el hombre más rico de la historia en enero de 2018.

Resulta, que ahora las reuniones de trabajo, e incluso, algunos encuentros familiares son virtuales, las familias se comunican con video llamadas y los amigos organizan fiestas en apps. Según se ha ido expandiendo el teletrabajo y son más los que tienen que quedarse en casa, ha ido creciendo la necesidad de programas más flexibles y potentes, llámese WhatsApp, Zoom, Meet, Skype, Facebook, Instagram etc… Lo cierto, es que ahora esas plataformas son nuestra realidad. Es muy posible, de hecho, que estés leyendo este libro en formato digital. Así las cosas, resulta imperativo conocer las ventajas de cada una de ellas, y utilizarlas de manera adecuada.

Son muchos los videos que se hicieron populares en 2020, de personas que olvidaron pequeños detalles en sus reuniones virtuales y quedaron expuestos en situaciones realmente bochornosas. Conocer y cuidar esos pequeños detalles, marcará grandes diferencias en tu camino al éxito

No pretendo analizar los beneficios o inconvenientes de dichas plataformas, aunque sí, reconocer su poder de influencia en nuestra "nueva normalidad". Hablemos de Facebook o Instagram únicamente, para tener una referencia, imagínatelos como centros comerciales, yo digo que son los dos centros comerciales más grandes del mundo, y millones de personas en el mundo los visitamos a diario; algunos, solo pasan mirando, saludan a alguien y continúan su camino; otros, reparten volantes de sus emprendimientos, algunos más atrevidos, ponen su puesto y venden al menudeo, y también están los que tienen almacén, los que realmente venden en redes sociales. No importa cuál de ellos seas tú, lo importante, es que contribuyas a hacer del centro comercial un lugar agradable para estar, y si conoces bien cómo funciona, seguro sacarás un buen provecho de esto, y si estás en el proceso de reinventarte o de crecer empresarialmente, debes aprender a cuidar los diferentes aspectos que marcan la diferencia, y aunque ya hemos hablado de algunos de estos, vamos a revisar:

• Aspecto técnico: se trata del equipo que vas a usar, la cámara, la luz, el fondo, etc.

• Aspecto personal: hablamos de tu imagen personal, desde tu apariencia física.

• Aspecto corporal: es lenguaje no verbal, tu expresión, tus gestos y movimientos.

• Aspecto verbal: cuidamos todo lo que dices, dicción, proyección y uso de muletillas.

• Aspecto profesional: cómo preparar tu tema, elaborar un guion o una presentación.

• Aspecto ético: hay que conocer las formas de comportamiento en redes: Netiqueta.

Si bien, ya en capítulos anteriores hemos tratado algunos de estos aspectos, bien vale reiterar algunos conceptos, aplicándolos al mundo de la virtualidad; considero pues, que estos 6 aspectos, bien cuidados y trabajados conscientemente, deberán garantizarte resultados diferentes.

• Aspecto Técnico: La clave para cuidar este aspecto está en la fotografía; me explico: los conceptos que debes conocer y cuidar aquí, son conceptos fotográficos como: encuadre, foco, fondo, e iluminación; por supuesto, debes garantizar que el equipo funcione correctamente, que tenga micrófono y acceso a la cámara, que la batería tenga carga si es un dispositivo portátil, no querrás que se acabe la batería en mitad de una reunión de trabajo o en una presentación de negocios; una vez garantices que el equipo está a punto, es hora de cuidar el cuadro.

Primero, busca una fuente de luz que te dé de frente, para que tu rostro, que es lo que se debe ver bien, quede bien iluminado; por el contrario, si dejas que la ventana, la bombilla o la fuente de iluminación quede a tu espalada, quedarás a contraluz, es decir, tu rostro se verá oscuro y toda la luz se quedará detrás de ti.

Ubica la cámara frente a ti, a la altura adecuada para que se vea un plano agradable, como una foto; el ideal, es un plano medio, es decir, del estómago o del pecho hacia arriba.

Es importante cuidar el fondo, lo recomendable, es que tengas atrás una pared, una biblioteca o un espacio que no llame la atención, preferiblemente, que nadie pase por detrás de ti, porque todo eso distrae, y lo que queremos, es que tu idea o tu mensaje sean los protagonistas de la reunión.

Ahora, si ya estás seguro de que todo funciona, y todo se ve como tú quieres que se vea, es hora de revisar el siguiente aspecto:

• Aspecto personal: de igual manera, que no llegarías a tu lugar de trabajo en pijama o a la iglesia en ropa interior, si haces presencia en un espacio virtual, debes prepararte, alistarte, vestirte para la ocasión; ya dedicamos un capitulo a este aspecto de nuestra vida, y en aras de bien lograr este proceso de reingeniería, bien vale la pena, resaltar la importancia de los detalles cuando llegamos a la virtualidad.

Estar vestidos para la ocasión, en el caso de la virtualidad, propone algunos retos adicionales, toda vez que la iluminación, y en general, el comportamiento de las formas, las texturas y los colores pueden cambiar ligeramente ante el lente de la cámara; es así, como las prendas superiores, como blusas, camisas, sacos o chaquetas con estampados o líneas pequeñas y amontonadas, pueden causar un efecto visual desagradable; se trata de un fenómeno óptico, que ocurre cuando el objeto que se va a fotografiar, a grabar o transmitir, tiene muchos detalles pequeños y repetitivos, como puntos o líneas, y la cámara del dispositivo no es capaz de reproducirlas con extrema definición, se produce un "ruido visual", un efecto como de ondas sumamente incómodo, y en todo caso, un distractor, que no querrás en tu intervención.

Así mismo, las mujeres deben cuidar el uso de los accesorios y los colores, sobre todo en las uñas y el maquillaje, recuerden que estamos en primer plano, y los accesorios como pulseras grandes o aretes exagerados, que bien podrían causar buen impacto en un encuentro presencial, en una pequeña ventanita del computador pueden ser contraproducentes.

• Aspecto corporal: ya en páginas anteriores, observamos la relevancia del lenguaje corporal y si te saltaste el capítulo, te recomiendo buscar el título de: "Comunicación asertiva y lenguaje corporal" en este mismo libro. Vale decir, que, en el caso de la virtualidad, la expresión gestual cobra una relevancia protagónica, y aquí, la palabra clave es: "Postura". Si ubicaste el dispositivo o la cámara correctamente frente a ti, y tienes el encuadre correcto, solo debes cuidar tu postura corporal, la espalda recta; estar correctamente sentado te ayudara a respirar mejor, a pensar mejor y por supuesto a verte mejor.

El contacto visual es fundamental, como ya lo hemos dicho, y aquí, suele ser más difícil, toda vez que miramos siempre a la pantalla y no al lente de la cámara, y resulta que, esa, mis amigos, es la clave, si miras al lente de la cámara eventualmente, tu interlocutor sentirá que le estás viendo, y no olvides usar tus manos para comunicarte mejor; mantener las manos visibles genera una confianza importante, además que te ayudan a contar, organizar o distribuir y dar la sensación de acercar o alejar, lo que resulta bastante útil, para fortalecer la idea que estés compartiendo.

• Aspecto Verbal: como ya hemos visto, las palabras constituyen apenas un 7% del mensaje que estemos transmitiendo, razón de más, para prestar detallada atención a la forma en que las expresamos. La utilización apropiada de todas las letras, y de todos los músculos necesarios para su correcta pronunciación.

Además de la respiración, es importante, procurar y cuidar una buena vocalización, es decir, la correcta pronunciación de las vocales, lo que necesariamente nos acerca a una correcta dicción, esto es, decir bien las cosas. La buena dicción, o la dicción limpia, no pueden albergar los llamados vicios o defectos del habla; por eso, es imprescindible evitar expresiones como: "Entiendamen" (por: "Entiéndanme"), "dotor": (por "Doctor") o "infeción": ("Infección"); como se puede apreciar, la dicción no está vinculada al entendimiento que se consigue en el oyente, ya que dichas palabras fallidas, son fácilmente reconocibles, aun, cuando la dicción esté lejos de ser perfecta.

La buena respiración, no solamente te ayudará a hablar con mayor claridad, sino que te permitirá proyectar la voz; si bien es cierto, contamos con la ayuda del micrófono, por lo que, no es necesario gritar, sí es importante, proyectar la voz; se trata, de hablar con la fuerza suficiente para que el mensaje se escuche clara y fuertemente,

• Aspecto Profesional: ya tenemos claro, cómo vamos a vernos y cómo debemos hablar, la cuestión, ahora es: ¿Qué vamos a decir? Es importantísimo preparar muy bien tu presentación o la intervención que harás en la reunión o evento virtual; para lograrlo, el procedimiento es muy sencillo, basta seguir estos pasos básicos:

• Define el contenido: elige cual será el tema concreto de tu discurso para no extenderte, así, te ajustarás al tiempo que tengas.

• Busca información: asegúrate, de hallar fuentes confiables que respalden tu opinión.

• Elabora el guion: escribe los 3 o 4 puntos relevantes que vas a desarrollar acerca del tema que elegiste para que no olvides nada.

• Prepara un esquema. Elabora una historia que conecte esos 3 o 4 puntos, de manera que tengas un discurso coherente.

• Practica la intervención: ahora, ensaya varias veces hasta que interiorices la información y te ajustes al tiempo, practicar en voz alta, imaginando el público frente a ti, en realidad ayuda montones. Haz la prueba.

• Aspecto Ético: en Internet, convivimos muchos usuarios, y si bien, son máquinas las que nos facilitan las comunicaciones entre unos y otros, somos seres humanos quienes estamos ahí, disfrutando del servicio. El principal objetivo de que estemos usando dicho servicio, es la satisfacción de promovernos, educarnos, divertirnos y en general, disfrutar un servicio de calidad con los menores problemas posibles; es allí, donde el comportamiento de todos, cobra relevancia. Este conjunto de reglas que regulan el comportamiento de los usuarios para comunicarse en la red, en pocas palabras, la etiqueta del ciberespacio es lo que llamamos Netiqueta.

10 REGLAS PROTOCOLARIAS DE NETIQUETA

Regla N° 1: recuerda lo humano – buena educación
Normalmente, en Internet somos anónimos, tratar a las personas con las que te comunicas con respeto, medir las palabras que dices, pues lo que escribes puede ser archiva-

do y luego utilizado en tu contra, en general, tratar a los demás cómo nos gustaría que nos traten.

Regla N° 2: compórtate como en la vida real
Se respetuoso y compórtate de acuerdo a las leyes de la sociedad y del ciberespacio, ya que, en el ciberespacio las posibilidades de ser descubierto parecen remotas, pero esto, no debe hacernos olvidar que hay un ser humano al otro lado del computador.

Regla N° 3: saber en qué lugar del ciberespacio estás
Antes de participar en una actividad en Internet, se debe observar la conducta, costumbres y leer las normas del sitio; ya que no todos funcionan de la misma forma, y puedes cometer errores por no estar informado.

Regla N° 4: respeta el tiempo y el ancho de banda de los demás
Antes de enviar una información a una determinada persona, asegúrate que lo que envía es de importancia, sea breve y conciso, ya que el tiempo de los demás vale, y este deja de realizar otras actividades por dedicarle tiempo a lccr lo que enviaste.

Regla N° 5: forma de escritura
Utiliza buena redacción y gramática para redactar tus correos, se claro y coherente con la información que transmites, para que esta no sea distorsionada; se sencillo, agradable, educado y evita utilizar lenguaje ofensivo, porque puedes molestar a alguien.

Regla N° 6: comparte el conocimiento de expertos
Comparte tus conocimientos y de los demás expertos con otras personas de la red, y haz del ciberespacio un medio

para enseñar y comunicar lo que sabes. Ponte en el lugar de los demás y recuerda cuando no sabías algún tema, sobre lo que ahora te preguntan.

Regla N° 7: ayuda a que las controversias se mantengan bajo control
Cuando quieras formar parte de una conversación como en un foro, hazlo cuando estés seguro de lo que vas a escribir. Mantente fuera de discusiones que no dominas, así que, se prudente en el momento de opinar o entrar en un grupo de discusión.

Regla N° 8: respeto por la privacidad de los demás
Si compartes el ordenador con otros miembros o usuarios, respeta sus datos; no leas correos ajenos, no mires sus archivos, etc. Esto, es aplicable tanto a usuarios que usen tu ordenador, como otros usuarios que no lo hagan.

Regla N° 9: No abuse de las ventajas que pueda usted tener
No aprovecharse de las ventajas que pueda tener por el conocimiento o el acceso a distintos sistemas que sepas, no te da derecho de aprovecharte de los demás.

Regla N° 10: excusa los errores de otros
Recuerda que todos somos humanos y, por lo tanto, todos nos equivocamos; nunca se debe juzgar a alguien por sus fallos. En todo caso, ayudarlo o sugerirle cuando se encuentre un error, y nunca mostrar prepotencia al encontrar un fallo, y mucho menos, reírse de él.

Capítulo 7
Construcción de Marca Personal

*"Dentro de veinte años, estarás más decepcionado
por las cosas que no hiciste, que por las que hiciste.
Así que, suelta amarras, navega lejos de puertos seguros,
atrapa los vientos favorables en tus velas. Explora. Sueña"*

Mark Twain

Mario Hernández, quedó huérfano a los 10 años, y tuvo que salir huyendo de la violencia de los años 40 desde su natal Capitanejo, (Santander). *"Fuimos cuatro hijos: mi mamá, una mujer emprendedora, bachiller de la época, de una buena familia de Onzaga, Santander; la casaron con don Solón. La sacó para Bogotá, y llegamos antes del año 48, mii papá se enfermó, duró dos años en la clínica hasta que murió. Nos robaron y mi mamá no sabía hacer nada; con más de veinte hermanos medios, no teníamos ni para el entierro, yo tenía diez años en ese momento".*

Estos acontecimientos tempranos, que Mario mismo cuenta en su historia, lo llenaron de coraje para enfrentarse a lo que representaba la llegada a Bogotá para un niño de provincia.

Desde muy niño, le gustaba comprar, fabricar y vender cosas. A los 14 años tuvo su primer trabajo como mensajero, luego administró un almacén, vendió corbatas y trabajó en una oficina de finca raíz. Durante buena parte de su vida tuvo toda clase de oficios y negocios, como un café concierto y una boutique; hasta que, a mediados de los setenta, un comerciante de artículos de cuero, le ofreció venderle su negocio: Marroquinera Ltda., aunque Mario estaba sin dinero, logró persuadirlo para que le fiara dicha empresa a un plazo de 6 meses.

Él se atrevió a ofrecer artículos de lujo a precios asequibles, respaldados por su propio nombre. "Yo tenía muchos negocios, había montado cafés concierto y muchas cosas más, sin embargo, no me concentraba en nada, ninguno me gustó, solo el negocio del cuero, pero no encontraba el producto que yo quería para mis clientes; sin saber cuál era, si el problema estaba en las proporciones o en los materiales o en la calidad; yo tengo un chip, el de las cosas buenas, de calidad, de diferenciación, así que, logré mi respuesta".

Hoy, está en seis países exportando el 40% de su producción, y continúa aplicando sus máximas: "Arriesgarse para salir adelante; analizar, aprender, reinventarse y tener claro que los negocios, como la vida, son para pasarla bien, estar en paz con uno mismo, no esperar cosas de nadie y ayudar a la gente".

Con toda seguridad, habrás oído hablar del concepto de marca personal y de la importancia de trabajar y cuidar de ella. Cuando hablamos de marca personal no solo nos estamos refiriendo a las aptitudes o prácticas profesionales que, son también muy importantes, sino, además, incluye una combinación de habilidades y experiencias que te hacen ser tú; y entenderás que, con la penetrante influencia de las nuevas tecnologías y las redes sociales, se hace más que necesario ofrecer una marca personal a terceros, capaz de ofrecer un mensaje transparente sobre tu identidad y valor.

Trabajar para conseguir fortalecer tu Marca Personal, sin embargo, no es tarea fácil, hay muchos, que quizás, nunca consigan llegar al éxito que ellos esperaban. En mi opinión, esto obedece en gran parte, a que desde su definición existe cierta controversia, puesto que, personalmente, creo que, una Marca "Personal" no se crea literalmente, sino que, se potencia y mejora, ya que todos tenemos una propia.

La Marca Personal es la huella que dejas en los demás, con cada acción o comunicación que llevas a cabo; es decir, el Personal Branding (en inglés), es la manera en que te perciben otras personas gracias a todo aquello que haces, transmites y expresas, tanto en el mundo Offline, como en el Online; por este motivo, es importante que analices qué comunicas y en qué modo lo haces, para así, poder fortalecer tu reputación, explotando al mismo tiempo un determinado aspecto de tu personalidad (que ya posees) y una u otra determinada habilidad profesional (que has adquirido); gracias a ello, esta se puede fortalecer y mejorar, destacando y potenciando aquellos talentos que nos hacen únicos, y trabajando por las cualidades que podemos o queremos destacar en nuestro entorno profesional en determinado momento.

Aunque el personal branding, comparte algunos rasgos y herramientas de conceptos como el márketing, el coaching o incluso, la asesoría de imagen, la principal diferencia está en su intención y alcance. Si no tienes claro lo que ofreces, por muy arreglado que vayas no va a servirte de mucho, igual que si eres un profesional muy competente, pero no sabes cómo hacerte visible. Bien podríamos entonces, comenzar aclarando todo lo que la marca personal no es:

• No es una herramienta de autoayuda que pretenda conseguir la felicidad con unas cuantas recetas.
• No es una forma de hacerte famoso.
• No es la forma en que te vistes, tu aspecto exterior o asesoría de imagen.
• No es una herramienta de búsqueda de empleo.
• No es un sistema de manipulación".

Si lo que te estás planteando es sacar adelante un negocio, proyecto empresarial o simplemente encontrar un nuevo trabajo en un ámbito muy competido, seguro que estás en un momento de profundo análisis, y haces muy bien, porque analizar qué eres, cómo lo haces y hacia dónde quieres ir como persona y profesional, son los primeros pasos para plantearte tu estrategia de Marca Personal y sacarle el máximo provecho.

Así que me gustaría hacer algunas preguntas:

•¿Eres consciente de los valores que estás transmitiendo?
•¿Estás mostrando tu personalidad y tu autenticidad como persona?
•¿Comunicas tus conocimientos?, ¿Tus experiencias profesionales?

La Marca Personal o Personal Branding, es un concepto que consiste en considerarse a uno mismo como una marca comercial, con el objetivo de diferenciarse y conseguir un mayor éxito profesional.

Una marca, es algo que se construye día a día, pues muestra quién eres y lo que te gusta hacer.

Gracias al desarrollo de una marca personal bien definida, se pueden fortalecer y potenciar aquellos atributos que nos hacen únicos, permitiéndonos destacar en nuestro sector profesional como expertos en una determinada área específica o nicho.

En definitiva, se trata de gestionar y proyectar la imagen que más nos conviene, para destacar en nuestro ámbito de interés; para ello, resulta imprescindible analizar qué queremos transmitir y el modo en que lo hacemos, con el objetivo de impulsar nuestro reconocimiento.

Lo cierto, es que, si quieres explotar una Marca Personal que sea divertida, amena, dicharachera, extrovertida, pero resulta que tu personalidad es más bien seria, introvertida, mesurada, te va a ser muy difícil posicionarte ante tu comunidad como lo que pretendes. Al final, no se puede aparentar y transmitir lo que no se es en realidad. Trabajar conscientemente tu Marca te va a abrir las puertas a un universo de ventajas tales como:

• Crear una comunidad propia: con una huella reconocible tanto en el online como en el offline, podrás conectar con una comunidad acorde con lo que ofreces y que comulga con tu forma de ser y hacer.

• Te dará credibilidad: te va a proporcionar credibilidad, porque vas a mostrar tu autenticidad, aquello que te hace diferente y que te va a hacer conectar con aquellos que son afines con tu propia autenticidad; por lo tanto, generarás confianza y serás creíble.

• Ser un referente en tu sector: te convertirás en una referencia dentro de tu comunidad, porque explotando aquello que realizas bien concienzudamente, te hará sobresalir del resto y de tu propia competencia.

Así que, sino analizas bien aquello que eres, haces y transmites, te estarás perdiendo sacarle provecho a muchas de las cualidades que seguramente tienes, y que, a lo mejor, hasta no te hayas dado cuenta de que las puedes explotar de forma consciente.

Construir, potenciar y controlar tu propia marca personal, te ayudará a generar nuevas oportunidades, a la vez, que te facilitará la consecución de metas y objetivos; es por eso, por lo que la creación y consolidación de la marca personal, no debe dejarse a la improvisación, es necesario seguir una estrategia de marca personal, capaz de moldear de manera real, óptima y eficaz tu imagen; para ello, hay que tener en cuenta una serie de pasos o tareas que te ayudarán en el proceso de desarrollo de tu marca.

Espero que, a estas alturas ya hayas intuido que diseñar una guía que te ayude a controlar y analizar todos los aspectos que envuelven la Marca Personal es importante; así que, vamos al grano, y toma nota de estos 5 pasos o consejos para crear y mejorar la tuya propia:

1. Analiza tu personalidad ¡Conócete a ti mismo!

Este es el primer paso y el más importante; es fundamental empezar por este punto y ser consciente de su importancia, entre otras cosas, porque llegar a realizarlo bien, no es nada fácil, inicia con dos reflexiones muy personales:

Primero pregúntate: ¿Qué estás haciendo?, posteriormente, hazte esta otra pregunta: ¿En qué eres buena/o?, ¿Qué es aquello que te hace auténtico/a? Te invito a que hagas un análisis concienzudo sobre tu personalidad, para ello, te aconsejo que realices un análisis DAFO, siendo totalmente sincero contigo mismo; de entre las debilidades, amenazas, fortalezas y oportunidades que saques en este análisis, te aconsejo, que, sobre todo, te fijes y explotes al máximo tus fortalezas; es decir, que indagues y descubras:

• ¿Qué es aquello que te hace realmente feliz cuando realizas esa actividad?
• ¿Cuál es tu mayor rareza?
• ¿Qué es aquello que te hace auténtico?
• ¿Qué te hace diferente y especial?

Con estas preguntas, buscas encontrar tu vocación, tu don, tus habilidades, lo que te ayudará a diferenciarte y a trabajar a partir de estos elementos: tu Personal Branding. Si tú no sabes comunicar tu elemento diferenciador, aquello que te hace diferente y auténtico, lo único que te va a hacer diferente es, si eres más económico o más caro que el de al lado; así que, ponte a ello y analiza tu personalidad.

2. Selecciona tu Target

Ahora que ya sabes aquello que te hace diferente y auténtico, analiza qué tipo de público objetivo o comunidad puede ser más afín a tu persona o negocio, y quién puede estar interesado en el servicio que vas a prestar como marca. Es el momento en que determines a quién vas a dirigirte, y quién va a creer que es interesante prestar atención a aquello que te hace valioso. Cuestiónate y analiza:

- ¿Quién va a querer comprar el servicio que vas a desarrollar?
- ¿Qué problemas tiene este cliente?
- ¿Qué le motiva?
- ¿En qué redes sociales, comunidades, se mueve?

Estos, y muchos otros aspectos, son los que debes tener muy en cuenta para determinar de forma muy afinada quién es el target al que te vas a dirigir, y cuál debería ser tu cliente o usuario ideal.

Lo que digo, es que, es muy importante discernir a qué tipo de público te vas a dirigir, y conocerlo muy bien, porque dependiendo de las características de tu target, vas a poder elegir en qué canales publicar (en aquellos en los que también esté); asimismo, ofrecer un tipo de contenido u otro, afinando tu comunicación y expresando mensajes que le atraigan exclusivamente a él.

Supongo, que ya has deducido, que no publicarás el mismo contenido si tu target es joven, que, para un público de más edad, ni lo mismo si éste es femenino, que si es infantil; y no vas a elegir tu página de

Facebook, si en tu análisis, has visto que para tu público no es un canal muy usado. Una vez hayas concluido con la tarea de encontrar tu comunidad y seguidores, lo que debes buscar y enfocar, es el hacerte imprescindible para ellos; y es que, el análisis de buscar tu target, no acaba sólo en saber a quién dirigirte, si no que debes dar un paso más y estar alerta, en escucha activa de lo que pide este público, para evolucionar de acuerdo a su demanda y ofrecer aquello que está pidiendo o buscando.

3. Traza tu Estrategia

Una vez tienes claro de dónde partes, y en qué momento se encuentra tu Marca Personal, porque has definido quién eres y sabes a quién dirigirte, es importante que marques la ruta hacia dónde quieres ir. Fíjate unos objetivos que sean concretos y alcanzables y vayan en consonancia con el resto de tu estrategia o plan de marketing; y establecer objetivos tampoco es nada fácil: no se trata de escribir deseos o sueños, sino de subir un peldaño de donde te encuentras, para, poco a poco, ir avanzando.

Márcate objetivos anuales: me gusta aconsejar, que los objetivos te los marques de año en año y sean para mejorar aspectos con ambición, pero con sentido común; se trata, de querer llegar a tu objetivo exigiéndote, sabiendo desde el principio, que, a priori, parece un poco difícil conseguirlo, pero, que, si te marcas bien, cuáles son las acciones que debes implementar, tienes disciplina y constancia, lo puedes conseguir.

El verdadero proceso de cambio, empieza cuando uno se fija una ruta a seguir, y sabe cuáles son los pasos o acciones que debe dar para conducirle a dónde quiere llegar; así que, te invito a que intentes salir de tu zona de control y exigirte. Intenta sobrepasar tus límites, para conseguir metas y éxitos, no tengas miedo y no pienses que es imposible, sólo así se consigue progresar.

Para llegar a alcanzar tus objetivos, hay otros aspectos importantes en este punto, son la creatividad y el ingenio a la hora de planificar las acciones que te propongas; conseguir una Marca Personal lleva tiempo, pero vale la pena, así que, fija estratégicamente tu ruta.

4. Hazlo bien y hazlo saber: comunícalo

Muchos emprendedores son unos verdaderos profesionales en aquella actividad que desarrollan, pero su problema principal, es que no saben comunicar su experiencia laboral y su gran profesionalismo. No exteriorizan aquello que saben y dominan y, ten presente esto: no se puede construir una estrategia de Marca Personal sin ser visible.

Así que, vuelve a retomar el análisis que has realizado sobre tu target y examina en qué canales se mueve, esto te ayudará a determinar dónde debes estar tú presente. Si has observado, que tu público se mueve en las redes sociales más conocidas, y que, sobre todo, lo hace en Instagram, Twitter o Linkedin, ya puedes abrirte en estas redes tu propio perfil.

Si, por el contrario, has visto que el tipo de target al que te diriges se concentra en un foro muy concreto que está muy de moda, pues ahí, es donde debes hacerte visible; además, en este punto, te aconsejo, que no sólo te limites a ser visible en el mundo online, sino que también, tengas en cuenta el offline, ya que, tejer una red de contactos en el mundo físico - presencial también puede ser muy fructífero.

5. Optimiza constantemente

Trabajar bien tu identidad, tu mercado, tu estrategia y tu visibilidad, es fundamental para conseguir el éxito; pero este trabajo no estaría completo, si no midieras contantemente lo que estás consiguiendo con tus acciones. Es fundamental, que midas lo que estás haciendo, para ver si estás consiguiendo lo que te has propuesto, o si, por el contrario, no estás consiguiendo todo lo que realmente te habías marcado; en este caso, deberías reaccionar y corregir. La gran ventaja que nos proporciona el mundo online, es que todo es medible, y que casi todas las herramientas que vamos a usar, tienen su propio análisis; así que, empieza por marcarte unos indicadores de marketing o "KPI`s" que, deberán ser aquellos que para ti sean importantes, y que te ayuden a saber si vas por el buen camino, algo así:

• Cantidad de visitas a tu blog.
• Cantidad de usuarios alcanzados en twitter.
• Cantidad de suscriptores en tu canal de YouTube.
• Cantidad de likes o comentarios en Facebook.
• Interacciones y replicas,
• Etc, etc, etc…

A nivel empresarial, una compañía ha de trabajar para situarse por encima de su competencia, mejorando sus productos, servicios, cadena de suministro, innovación…
En el caso de la marca personal, sucede lo mismo, una marca estática, sin evolución, no servirá para nada. Es necesario trabajar y potenciar la marca personal, por razones tan básicas y sugerentes como las siguientes:

• Diferenciarse de la competencia: prácticamente, en todos los sectores profesionales existe una alta competencia, diferenciarse y ofrecer un valor nuevo e innovador, mediante tu marca personal, puede ayudarte a elevarte por encima de los demás.
• Visibilidad: una marca personal trabajada eficientemente, te proporcionará una mayor visibilidad, posibilitando un considerable abanico de posibilidades y oportunidades.
• Desarrollo de la imagen profesional y personal: el proceso de creación de la marca personal, ayuda a tener un mayor conocimiento de nuestro perfil personal y profesional, ofre-

ciendo una gran transparencia sobre lo que deseamos, y las metas que queremos conseguir.
• Posicionamiento y mensaje: una marca personal bien trabajada, te posiciona a nivel profesional, y permite dar una mayor voz y fuerza a tu mensaje.

Para desarrollar y mejorar tu marca personal, se necesita trabajar mucho y de manera eficaz. Vamos a enumerar una serie de elementos para mejorar y potenciar tu marca personal:

• Dedicación: en primer lugar, es vital ser consciente, que crear, mejorar y desarrollar tu marca personal, necesita mucho trabajo; este trabajo, vendrá planificado mediante la estrategia seleccionada y las acciones necesarias para plasmar el mensaje de la misma.
• Fomentar las relaciones y conexiones: también denominado networking, es importante, crear de forma continuada una red de contactos, que te ayuden a conocer y crear oportunidades.
• Constancia en Redes Sociales: como hemos dicho anteriormente, la constancia es una cualidad primordial para llegar a obtener éxito con la marca personal.
• Se constante en la publicación en redes sociales: comparte, crea contenido, contesta a seguidores… de esta manera estarás creando valor.
• Interacción: interactúa siempre que puedas, tanto en tus propios sitios personales, como en los de terceros. Genera diálogo, fomenta el conocimiento y la curiosidad o aporta soluciones, lo importante, es mostrar que tu marca está viva y atenta a su público.
• Contenido de calidad: tiene mayor valor un artículo bueno y completo de 2.000 palabras que tres de 500 palabras. El contenido ha de ser de calidad, original y útil. Existe

mucha competencia en este sentido, ya sabe lo que está escrito. ¡Hazlo diferenciar! Es vital ser consciente que crear, mejorar y desarrollar tu marca personal, necesita mucho trabajo, este trabajo, vendrá planificado mediante la estrategia seleccionada, y las acciones necesarias para plasmar el mensaje de la misma.

Crear una marca personal, es un trabajo diario, que nos reta a mostrarnos cómo somos hacia los demás, mediante mensajes, ideas y acciones. El trabajo y cuidado continuo de la marca personal, dará sus frutos a medio y a largo plazo, generando una buena base de nuevas oportunidades profesionales y personales.

Capítulo 8
LOS ENEMIGOS DEL ÉXITO

*"No te pongas a contemplar toda la escalera,
simplemente da el primer paso"*

Martin Luther King

Harland Sanders, mejor conocido como Coronel Sanders, nació un 9 de septiembre de 1890. Sanders, fue el hijo mayor de 3 hermanos que nacieron en el seno de una humilde familia Indiana. Su padre falleció cuando él tenía 5 años, por lo que tuvo que, desde muy joven, aprender a cocinar y trabajar; abandonó la escuela a los 12 años para ayudar con las tareas en la granja de la familia y, poco tiempo después, luego de sufrir malos tratos por parte de su padrastro, se mudó a casa de sus tíos, quienes vivían en una cercana ciudad.

A la edad de 15 años, falsificó su certificado de nacimiento para alistarse en el ejército de los Estados Unidos, algo que, en ese país, siempre ha representado una oportunidad relativamente sencilla para poder salir de la pobreza, pues el gobierno, te ofrece un sueldo y educación a cambio de que defiendas al país, cosa que, además, te da cierto prestigio.

Luego de completar su servicio militar en Cuba, pasó por una serie de trabajos como marino mercante, vendedor de seguros, granjero, bombero de ferrocarriles, entre otros. En ninguno tuvo éxito, hasta que, a finales de los años 20, se adueñó de una estación de servicio en Corbin, Kentucky.

Debido, a que este sitio era muy frecuentado por los transportistas, Sanders decidió generar una ganancia extra, ofreciendo otro servicio para lo que era muy bueno: comida. Su pollo frito comenzó a ganar mucha fama en la zona, al grado de que, en 1935, el Gobernador del Estado, Ruby Laffoon, le otorgó la distinción de Coronel de la ciudad; pero, su éxito se vino abajo, cuando en la década de los 50, se construyó la carretera interestatal 75, que alejó a los autos de su restaurante, por lo que, el Coronel decidió vender el local.

Entonces, con poco dinero y más de 60 años, Sanders decidió volver a comenzar; confiado en su receta de pollo frito, decidió viajar para darla a conocer en otros locales con el fin de generar una red de franquicias.

Esta iniciativa funcionó, pues, el primer restaurante Kentucky Fried Chicken, abrió en 1952 en Salt Lake City, Utah. En 1964, con 600 franquicias KFC registradas, el empresario decidió vender la compañía a un grupo inversor por 2 millones de dólares y un salario vitalicio de 40 mil dólares al año, aunque permaneció como embajador e imagen de la marca.

En nuestro proceso de transformación, de reinvención y por ende, en nuestro camino al éxito, no todo son flores y arco-iris; existen dificultades, y sobre todo, enemigos que atentan contra la integridad de nuestra plenitud.

No necesariamente hablo de personas, o tipos de personas (aunque ciertamente la gente que te rodea puede hacer la diferencia en tu vida, dependiendo de qué tan influenciable seas).

Los enemigos del éxito, son todos aquellos elementos que se pueden interponer en tu camino, e impedirte avanzar antes de llegar; pero también, son los que buscan desestabilizarte cuando ya estás siendo exitoso.

Es tan importante, saber lo que tenemos que hacer, como aquello que debemos evitar para lograr éxito como emprendedores. Los enemigos invisibles del éxito, impactan en los precios, las ventas, la productividad, y se pueden estar relacionando en cada uno de los procesos de tu negocio, por una sencilla razón, habitan en ti, en tu mente, tu forma de ser o tu emoción; y puedes estar habituado a ellos, incluso, inconscientemente.

Así que, en este capítulo, para hacerlo consciente, hablaremos de aquellos puntos relacionados con nuestra mente, que debemos cuidar.

ENEMIGOS DEL ÉXITO
(EN ETAPAS TEMPRANAS)

Estos, son aquellos obstáculos que se nos presentan cuando queremos iniciar nuestro camino al éxito, o cuando de alguna manera, ya nos estamos moviendo hacia el mismo.

Es importante evitar, que éstos enemigos nos detengan, y para cada uno de sus problemas, existen varias soluciones (las mencionaré correspondientemente en cada caso):

• Pereza

La pereza, es simplemente la inacción que se da cuando existe desmotivación, y la desmotivación se presenta, cuando hemos aceptado dedicarnos durante mucho tiempo, a lo que no nos gusta, ni nos llena de satisfacción. Superar la pereza, nos permitirá actuar camino a nuestras metas, sobre todo, si las tenemos claras.

• Procrastinación

Similar a la pereza, la procrastinación, es la falta de acción congruente con nuestros deseos; sin embargo, en vez de perder tiempo para no hacer cosas incómodas o que nos disgustan, cuando procrastinamos, en realidad, nos alejamos de las actividades necesarias para alcanzar nuestros sueños.

• Miedo al fracaso

El miedo o temor al fracaso, no, es más, que aquel conjunto de dudas que se generan en el camino, y que nos hacen vacilar y creer que, en realidad, no era tan fácil todo como parecía; pero no te engañes, este miedo al fracaso es una señal de incongruencias en nuestra mente subconsciente, nada real.

• Inconsciencia

Este es uno de los favoritos de la gente, o al menos, la causa más común de fracaso y mediocridad en la sociedad. Se trata, de que vivimos una vida totalmente en piloto automático, sin estar conscientes de que las pequeñas decisiones que tomamos día tras día, moldean nuestro futuro presente.

• Falta de claridad

Cuando no tenemos claro el destino al que queremos llegar, indudablemente, se nos presentarán obstáculos que impedirán nuestra felicidad. Sinceramente, el problema que muchas personas tienen, es que no saben lo que desean. ¿Tú lo sabes, ¿Sabes exactamente la cantidad de dinero que estarás ganando de aquí a 5 años?

• Malos Hábitos

Y finalmente, los malos hábitos, pueden hacer que las personas se mantengan «en el fango» de la mediocridad, lo suficientemente tibio, como para que estén cómodas, pero lo suficientemente pegajoso, como para que no puedan salir cuando lo deseen… Esto, sin mencionar lo sucio y perjudicial.

ENEMIGOS DEL ÉXITO
(EN LA MADUREZ DEL TRIUNFO)

• Personas con envidia (mediocres)

Sí, es inevitable, habrá personas en contra de nuestro éxito; lo importante, es que sepamos tratar con ellas, o que definitivamente las saquemos de nuestra vida, en caso de que no contribuyan de forma positiva. La mayor parte del tiempo, estarás interactuando con personas, así que escógelas muy bien.

• Remordimiento de comprador

Este es un enemigo bastante curioso. ¿Alguna vez has comprado algo, sólo para luego arrepentirte y sentir que perdiste tu dinero? Imagina que te pasara lo mismo, cuando lograras el éxito en algo que verdaderamente no te hace feliz, sentirías remordimiento una vez estando en la cima. ¡Que no te pase!

• Paradoja del camino equivocado

Similar al anterior, algunas personas se salen del camino común, para perseguir los que creen, son sus sueños; pero luego, se dan cuenta que es el camino equivocado. Esta vez, ellos escogieron por donde transitar, pero realmente, escogieron mal; al final del día, sienten que todo tiempo fue perdido, y nunca lo intentan de nuevo.

• Satisfacción de deseos no primordiales

A veces, creemos que son las cosas, a veces, creemos que son las personas, y en ocasiones, pensamos que es la libertad. Realmente, ninguno de estos deseos puede llegar a hacernos felices, a menos que, satisfagamos nuestros deseos primordiales, viviremos una vida de infelicidad.

• Exceso de Confianza

Por otra parte, hay quienes llegan al éxito, y creen que en adelante todo les saldrá bien, porque tuvieron un golpe de suerte, o porque, de alguna forma, las condiciones fueron bastante favorables para ellos. Esto le pasa, tanto a jugadores de lotería, como a empresarios… ellos se confían demasiado y terminan perdiendo.

• Distorsión de atracción

Los famosos sueños negativos. ¿Te ha pasado, que por momentos, parece que todo nos sale ma,l y que nada podría ser peor?

En ocasiones, parece como si todo se juntara; pero realmente, lo que ocurre, es que estamos atrayendo lo que no deseamos a nuestra vida, debido, a una distorsión que se nos presenta, a causa de las inconsistencias manifestativas.

Otros enemigos que suelen aparecer a veces y de los que, hay que estar siempre atentos son:

• Inseguridad: de nada sirve, un vendedor o una persona de negocios, cuya emoción titubea a la hora de vender, haciendo una presentación o mostrando su producto. Recordemos que más del 80% de la compra y la venta está en la comunicación efectiva, el rapport -conexión con el otro- y la certeza emocional -el activo de seguridad que se transmite- cuando la palabra se hace presencia y certeza en quien la expresa, como única y verdadera.

• La desvalorización: de nada sirve, querer aumentar tu precio, cuando sientes que no lo vales o que no te lo van a pagar; aquí, este enemigo se alía con el de la inseguridad, lo que tú sientas, lo comunicarás.

• El conformismo: Mantenernos a nosotros mismos, nuestros productos o servicios bajo una actitud conformista, es un grave error, pues nos mantendrá en la mediocridad; y, por lo tanto, sumergidos entre muchos, en medio de la bola, sin diferenciarnos lo suficiente, sin exigirnos más que lo básico. Elevarnos y separarnos de lo común y corriente, implica necesariamente hacer a un lado el conformismo para ofrecer la calidad y grandeza que tenemos.

• La inconstancia: de nada sirve, trabajar arduamente cinco días, si cualquier cosa nos hace después perder el ritmo, si trabajas por momentos, y lo dejas, si no tienes el poder sobre la línea de tiempo. Recuerda generar el hábito, y más vale, paso que dure, que trote que canse. El verdadero amigo del éxito es el hábito, pues te acerca paso a paso a las metas.

• El desenfoque: primo del anterior, este perjudica por completo a los que divagan fácilmente, propio de los mil "business" que dividen su esfuerzo en muchos caminos.

Lo que, por consiguiente. les divide el capital, de pesitos a centavos, sin saber o poder reconocer, que los centavos de esfuerzo invertidos, no darán ganancias grandes; propio de los que, les es fácil dejar la misma línea, y divagan sin control.

• La desidia: prima hermana de la mediocridad, implica necesariamente, la falta de interés. Les sucede mucho, a personas que hacen algo por hacerlo, y no les gusta. Este enemigo del éxito es de comportamiento recurrente, y ¿Cómo conseguir el éxito, haciendo algo que no te interesa hacer?

• La falta de compromiso: hace falta, que algo nos atrape lo suficiente, para reforzar nuestro compromiso interno, pues se requiere de significación profunda. El apego a la promesa que nosotros mismos nos hacemos, porque queremos cumplirla, es en sí mismo "el compromiso" y de él se derivan los buenos hábitos.

• La indisciplina: la selección de los hábitos correctos, lleva a cumplir cabalmente con lo propuesto. La indisciplina como enemigo del éxito, es en sí misma, desorganización para darnos el tiempo de llevar a cabo los hábitos correctos. El indisciplinado, normalmente tampoco sabe manejar sus tiempos y espacios.

• El auto sabotaje: y por último, el auto sabotaje, alcahuete del miedo, y el que brinda las excusas, los pretextos, la salida fácil, privilegiando la razón por encima de cualquier cosa, y en los negocios como en la vida, se puede tener razón (como excusa o pretexto) o resultados.

Recuerda, trabajar en uno mismo, es primero, si de negocios se trata. Si ubicaste uno o varios enemigos del éxito, trabájalos, la metodología del coaching te puede ayudar; así que, ya lo sabes, enfócate, dedica tiempo, trabaja en tus hábitos, seguridad personal y autoestima; enfrenta aquellos espacios mentales y emocionales que te detienen, para que alejes a los enemigos del éxito de tus hábitos y procesos.

Capítulo 9
LA CAJA DE HERRAMIENTAS

*"Para llegar a lo que somos,
debemos eliminar lo que no somos"*

Alejandro Jodorowski

Walter, nació el 5 de diciembre de 1901 en Chicago, Estados Unidos. Hijo de Elías Disney, y Flora Call, a los 5 años, la familia se trasladó a una granja en Marceline, Missouri, donde su hermano mayor, Roy, había comprado tierras. Allí desarrolló su amor por el dibujo, auspiciado por un vecino, quien le pagaba por hacer dibujos de su caballo. Cuando cumplió dieciséis años, dejó la escuela con la esperanza de entrar al ejército durante la Primera Guerra Mundial, fue rechazado por ser menor de edad, sin embargo, consiguió un trabajo como conductor de ambulancias de la Cruz Roja en Francia durante un año, no obstante, fue cuando la guerra había terminado.

En 1923, comenzó a producir dibujos animados en Hollywood junto a su hermano Roy O. Disney. Entre 1926 y 1928 realizó una serie de dibujos, Oswaldo el conejo, para Universal Pictures. Steamboat Willie (Willie el vapor, 1928), que, producida por su propia compañía, significó la aparición del ratón Mickey, su primer personaje famoso, además del inicio del cine sonoro en los dibujos animados. Mickey Mouse fue originalmente llamado Mortimer Mouse, pero su esposa, creía que ese nombre sonaba demasiado pomposo y le convenció para que cambiara el nombre a Mickey. Mortimer, en cambio, se llamó al ratón rival de Mickey en episodios posteriores. El golpe de suerte, le llegó el 18 de noviembre de aquel año, se estrenó el corto animado que él mismo escribió. Era el debut del mítico personaje de Mickey Mouse, que ya había abandonado su primer nombre. Disney puso la voz original de Mickey desde 1928 hasta 1947.

Como les ocurrió a las obras de todos los grandes genios, corrió el rumor, de que el entrañable ratón no salió de los lápices de Walt, pero nadie pudo probarlo nunca; desde entonces, Mickey se convirtió en todo un símbolo, incluso, según publicó alguna encuesta norteamericana, era el personaje más conocido del mundo.

Durante los años 50 y 60 Walt Disney Productions pasó a ser una de las mayores productoras cinematográficas, al tiempo que Disney, intentaba mantener el mayor control artístico posible. La compañía abordó la publicación de literatura infantil y cómics, la mayoría de ellos, protagonizados por sus personajes. En 1955, Walt Disney Productions inauguró un parque gigantesco, Disneylandia, en Anaheim, California, sus reconstrucciones de carácter histórico y sus espectaculares atracciones, lo convirtieron en un foco turístico de primer orden.

Walt, se convirtió en la persona en recibir más Oscars, ganó 22 premios de la Academia y recibió otros cuatro honoríficos, de un total de 59 nominaciones.

Sin duda alguna, durante el recorrido por estas páginas habrás identificado los talentos, las habilidades y virtudes con que cuentas para sacar tu mejor versión, y por supuesto, identificaste los obstáculos que se pueden presentar en el proceso, incluso, es factible, que alguna de las historias que leímos te hayan servido de inspiración.

Debo resaltar, que ninguna de esas personas, así como ninguna de esas habilidades o aspectos que hemos estudiado en este libro, son tan extraordinarias o difíciles de desarrollar, como para que cualquiera de nosotros pueda replicar o superar su listón de éxito, y no quiero acabar este trabajo, sin resaltar la importancia de algunos recursos y elementos que son intrínsecos al ser humano, es decir, que están dentro de ti, y que resultan vitales a la hora de reinventarte o en cualquier caso, siempre que atravieses un proceso, quieras superar una crisis o sencillamente salir adelante

y mejorar tu calidad de vida, de hecho, algunas de ellas ya han sido mencionadas y bien vale recordarlas:

Resiliencia

De acuerdo con Psychology Today, la resiliencia se define como *"esa inefable cualidad que permite a algunas personas encontrarse con retos en la vida, pero afrontarlos y regresar más fuertes que antes… en lugar de dejar que las dificultades o fracasos les abrumen, encuentran una manera de recuperarse"*. Es, esa habilidad, que te permite sobrevivir las dificultades y encontrar alguna manera de llevarte un aprendizaje.

¿De dónde nace esta habilidad? Un artículo escrito para la Escuela de Posgrado de Educación de Harvard, explica, que la "resiliencia depende de relaciones sanas y de la capacidad de poder responder y adaptarnos a las adversidades de forma sana, son esas capacidades y relaciones que pueden transformar el estrés tóxico en estrés manejable".

La resiliencia, no es una habilidad o capacidad absoluta, que se adquiere de una vez y que es para siempre, es el resultante de la interacción constante entre el individuo y su entorno, y se puede entrenar con una serie de estrategias que se explicarán más adelante; aun así, existen diversos factores de riesgo y factores protectores que nos harán ser más o menos resilientes. Los factores protectores, son aquellos que favorecen la aparición de la resiliencia como, por ejemplo:

- Vivir en un entorno con personas resilientes.
- Tener autocontrol emocional.
- Tener un auto concepto positivo.
- Gestionar los conflictos de una forma adecuada.
- Controlar los impulsos.
- Ser personas positivas.

Los factores de riesgo, son aquellos que no favorecen la aparición de la resiliencia; en este caso, serían los contrarios a los protectores, como, por ejemplo: no vivir en un entorno con personas resilientes, ser negativos, tener un mal autocontrol y auto concepto o no tener un buen control de impulsos. En resumen, ser una persona resiliente tiene muchos beneficios entre los que destacan tener

mejor salud mental y física. Existe una serie de factores, que puede hacer que tengas más o menos predisposición a ser o no ser resiliente, pero ten presente, que es una habilidad que se puede entrenar.

Creatividad

Mucho se ha dicho, sobre la relación entre la creatividad y las condiciones de salud mental; varios estudios han explicado esta relación, ofreciendo numerosos recursos para tomar los pasos correctivos necesarios. El especial de Netflix de 2018 de Hannah Gadsby, Nanette, se enfocó en aclarar y criticar la romantización que tiene la sociedad en cuanto a estos dos temas; pero, en este artículo, me gustaría escribir sobre las maneras en la que la creatividad impulsa nuestra salud mental, cómo podemos usarlo a nuestra ventaja, y como un valioso recurso en nuestra cajita de herramientas emocionales.

Un estudio publicado en la revista Creativity Research Journal, exploró las distintas maneras en que la creatividad influye en nuestro día a día. De acuerdo a los autores, *"la creatividad del día a día, involucra abordar actividades diarias de una manera divergente."*

Cuando lo vemos de esta forma, entendemos que la creatividad se refiere a la habilidad con la cual abordamos las dificultades de la vida, la manera en la que percibimos nuestras situaciones diarias, la perspectiva que usamos cuando sentimos las emociones no placenteras, de las cuales nos queremos olvidar rápidamente, la perspectiva que tenemos de nuestros trabajos, nuestras relaciones, nuestro mundo interno, nuestras emociones, y, la forma, en la que perseguimos nuestras metas y objetivos; para estimular esta habilidad es recomendable practicar algunos ejercicios muy sencillos:
• Lee mucho
La lectura, tiene una importancia primordial para el buen funcionamiento cerebral, no sólo te relaja, sino que los tex-

tos te ayudan a desarrollar el pensamiento cognitivo, la memoria y la creatividad, ya que nos proveen de una serie de nuevas ideas y experiencias.

• Experimenta

Sal de tu zona de confort, nuevas personas y experiencias resultan en nuevas ideas y perspectivas. Repetir las mismas personas y experiencias equivale a más de las mismas ideas, así que, intenta nuevas cosas, y si no funcionan, prueba otras.

• Haz ejercicio o practica algún deporte

Al ejercitarnos, el corazón bombea más sangre e ingresa más oxígeno al cerebro, lo cual, amplía las posibilidades de procesar información y de desarrollar la creatividad. No olvides hidratarte para que tu mente funcione mucho mejor.

• Captura las ideas que vengan a tu mente

Si no lo haces, pueden desaparecer y no volver nunca. Puedes cargar cuadernos de dibujo, de notas, inclusive, puedes escribirlas en tu celular o grabarte una nota de audio.

• Sueña de día

Sólo relájate, cierra los ojos, no edites tus pensamientos, respira hondo y profundo y deja que tu mente fluya libremente; te sorprenderás, sobre las ideas creativas que pueden llegar a tu mente.

• Cree en tu creatividad

En estudios sobre creatividad, los psicólogos han examinado las características de las personas creativas; todos demostraron tener un denominador común: su actitud. Ten fe en tus habilidades, créetelas. ¡Eres creativo!

• Supera tu miedo al fracaso
Para experimentar, hace falta superar nuestros miedos. La creatividad se alimenta de nuestra capacidad para sorprendernos, entusiasmarnos y adentrarnos como niños, en el mundo de lo desconocido.

Asertividad

La asertividad, en mi opinión, es una de las herramientas más importantes (y usualmente más ignoradas) de nuestra cajita de herramientas emocionales. De acuerdo a Psychology Today, se refiere a "una habilidad social, en la que se combina una comunicación efectiva y el respeto por los pensamientos y deseos de las demás personas… las personas asertivas, comunican sus deseos, necesidades, opiniones, y límites, de una manera clara y respetuosa a otros." Para muchos/as, esto, es más fácil dicho, que hecho.

Frecuentemente, tendemos a manifestar dificultades para expresar nuestras emociones no placenteras, especialmente, para con las personas cercanas a nosotros/as que nos han hecho sentir así, (madres/padres, hijas/os, parejas, amigos/as, jefes, compañeros/as de trabajo.) Cuando practicamos la asertividad, estamos comunicándonos con los y las demás, de una manera que es clara y empática. No usamos lenguaje violento y no culpamos a los demás para hacer que nuestro mensaje llegue, por el contrario, cuando somos asertivos/as, comunicamos lo que necesitamos y queremos, de una forma que es respetuosa para los y las demás.

Un estudio publicado en el Journal of Clinical Psychology Science and Practice, encontró, que el entrenamiento de asertividad, podría ser potencialmente beneficioso para las personas que tienden a internalizar sus emociones. Las personas que experimentan sentimientos fuertes de ansiedad o tristeza abrumadora, podrían beneficiarse, trabajar en esta habilidad en particular. No solo nos ayuda a expresar nuestras emociones, deseos, y necesidades de una manera clara y saludable, sino, que también tiene efectos duraderos en la calidad de nuestras relaciones, tanto en casa, como en el trabajo.

Flexibilidad Mental

• ¿Alguna vez has estado en una situación donde has invertido mucho tiempo en planear algo, solo para darte cuenta que no es el mejor momento para ti?
• ¿Cómo respondiste a esto?
• ¿Cómo lo manejaste?
• ¿Qué hiciste?
• ¿Cómo trabajaste tu frustración, de no conseguir lo que querías?

Las respuestas a estas preguntas, nos pueden ayudar a identificar cuán "flexible" nuestro pensamiento es. Si, por ejemplo: sentiste mucha frustración, pero seguiste con tu día, o la frustración te paralizó por completo, si te esforzaste por seguir adelante con tus planes, tomando esto, como una piedra en el camino, si expresaste tu frustración de una manera sana e ideaste un Plan B.

Esa habilidad de descubrir un Plan B, es lo que explica la flexibilidad mental. Algunas formas de incrementar esa flexibilidad mental incluyen: aprender algo nuevo todos los días, hacer algo diferente con frecuencia, e intencionalmente salir de tu zona de confort. Todas las habilidades son practicables, y la flexibilidad mental no es la excepción.

La persistencia

La persistencia, es un rasgo muy importante para desarrollar en la vida, porque está íntimamente relacionada con el propio desarrollo personal y la superación. Solo mejorarás al fallar, cuando eres capaz de aprender de esas experiencias y seguir adelante, teniendo la suficiente persistencia o determinación de seguir y no darte por vencido. Sin persistencia, tu capacidad de crecer y desarrollarte como persona, estará severamente restringida, y también será la cantidad de éxito, riqueza y felicidad que podrás lograr.

Muchos piensan, que tener talento o una gran formación es garantía para alcanzar el éxito, pero talento y conocimientos sirven de poco, si no se es persistente. No hay duda, de que el trabajo duro supera al talento. No importa cuáles sean tus capacidades, lo que importa es cómo te desempeñas; al final, lo que realmente cuenta, son los resultados. Una manera metódica de desarrollar esta habilidad consiste en seguir 5 sencillos pasos:

1. Identificar lo que queremos
Para permanecer luchando incansablemente hasta lograr nuestro objetivo, primero debemos saber cuál es nuestro objetivo. Esa, es una de las razones, por la que mucha gente abandona el camino, se involucra en un nuevo emprendimiento o actividad, pero sin saber de manera concreta, cual es la meta a la que quiere llegar; es como navegar por el océano sin rumbo. Escribe tus metas de manera concreta y concisa, en un lugar donde las puedas ver a diario.

2. Establecer un plan de acción
Es fácil descarrilarse y perder el rumbo, cuando no tienes bien claro lo qué tienes que hacer, pero también es fácil

seguir un rumbo. El plan de acción, es ese camino que te propones seguir. Es mucho más fácil darse por vencido, si te tiras a atravesar el país a campo traviesa, a que si lo haces siguiendo un camino prefijado.

3. **Desarrolla tus disciplinas y hábitos**

Mantenerte por el buen camino, puede ser duro si no tienes las disciplinas y hábitos necesarios desarrollados. El camino, se hace largo y tortuoso si la dirección de tu vehículo está averiada y tiene una leve tendencia a desviarse hacia la derecha, no puedes soltar el volante o perder de vista el camino ni por un segundo. Los hábitos y disciplinas, son el vehículo sobre el cual te subes para dejarte llevar a destino. Crea hábitos fuertes e inquebrantables y que tu vehículo sea un Jeep todo terreno, que pueda pasar por cualquier lugar sin quedarse ni desviarse.

4. **Determina tu "Por qué"**

Ya sabes, QUE quieres lograr (tus metas) y CÓMO las piensas lograr (tu plan de acción), solo falta saber POR QUÉ lo quieres lograr. Sin un "por qué", es posible, que termincs desmotivándote cuando el impulso de la euforia inicial haya caducado. El "por qué", es ese propósito que solamente tú sabes, y que quema tus entrañas cuando piensas en ello, es lo que te motiva a trabajar cuando todo está saliendo mal.

5. **Crea tu grupo "Mastermind"**

El autor Napoleón Hill define un grupo "mastermind" como "un grupo de personas, que cooperan y trabajan juntas hacia un fin definido y en espíritu de armonía." Es un grupo de personas, con objetivos similares a los tuyos, que te motivan y alientan a perseguir tus objetivos sin desviarte.

El mundo ahí afuera está esperando verte caer y fracasar, tus amigos, tus familiares, tu pareja, todos están intentando convencerte de que no es necesario trabajar tan fuerte o hacer tantos sacrificios. El mundo ésta mirándote desde la comodidad de su sofá, necesitas mezclarte con personas que estén librando una batalla similar a la tuya y que te muestren que no estás solo en ella.

Busca un grupo de entre dos y cinco personas, con los cuales te puedas reunir al menos una vez a la semana, a conversar lo que estás haciendo, pedir consejo y cargar energías.

Actitud mental positiva

Es tu Actitud y no tu aptitud lo que define tu altitud

El arte de reinventarte, no es otra cosa más que sacar la mejor versión de ti mismo, y esa transformación, quizás, no termine jamás, pues, siempre hay algo nuevo que aprender y nuevos retos por superar; sin embargo, estoy seguro, de que después de leer este libro, cuentas con elementos muy útiles que te ayudarán en este proceso, debo decir para finalizar, que tu actitud, es sin duda, lo más importante.

La actitud, es la condición que dirige el comportamiento del hombre en cualquier situación de la vida. Mediante ella, se refleja la intención y el propósito que tiene una persona al actuar. Las actitudes pueden ser positivas o negativas y pueden afectar el entorno de las personas, por eso, es importante que el hombre tenga una buena actitud para garantizar una buena calidad de vida.

La actitud correcta, es aquella que se fundamenta en los principios de la igualdad y la tolerancia. Cuando una persona tiene una postura positiva, puede afrontar las situaciones difíciles de la vida con optimismo, enfocándose más en los beneficios que la situación le puede proveer, que en la propia situación o lo negativo.

Estas son algunas de las características de actitudes positivas:

• No trata de enmascarar los malos sucesos, sino que, busca ver lo bueno y sacar el mayor provecho de la situación.
• Incrementa el optimismo.
• Forma un carácter fuerte y firme en la persona.
• Hace posible una buena convivencia dentro de la sociedad.
• Permite al ser humano tener mayor oportunidad y alcance.
• Incrementa la empatía en la persona.
• Desarrolla una actitud inquisitiva y una actitud proactiva.
• Guían a afrontar las situaciones y no esconderse de ellas.

Independientemente, de cual sea la situación que te ha llevado a pensar en reinventarte, ten presente, que todos atravesamos situaciones desagradables en algún momento; la vida está llena de altibajos, eso es algo que todos sabemos. No importa quién seas, cuánto dinero tengas, o en qué zona del mundo estés; vivir experiencias negativas y situaciones desagradables nos puede tocar a todos. Estos consejos te pueden ayudar a tener una actitud positiva, incluso, en los peores momentos:

1. Céntrate en todo lo que puedes controlar

Es imposible tenerlo todo bajo control, no podemos cambiar las cosas que no podemos controlar; así que, por mucho que te angusties, el resultado seguirá siendo el mismo.

No malgastes energía y esfuerzo en cosas que no te producen, limítate a vivir y a disfrutar del presente, de tu aquí y ahora…y el mañana, mañana se verá.

2. **Cambia de mentalidad**

Todas y cada una de las situaciones que vives, hasta las más malas, te enseñan algo, a ser más fuerte, a saber, que de esa forma que lo has intentado no sale bien, a quererte más… Todo enseña, todo influye, y tú eres el que decidirá qué aprendizaje sacar de esa experiencia. Las experiencias realmente son neutras, nosotros somos quienes le ponemos la connotación emocional, nosotros somos quienes les ponemos significado. Y para ti, ¿cómo está el vaso, medio lleno o medio vacío?

3. **Aumenta tu amor propio**

Todos nos hemos equivocado alguna vez, hemos tenido días y épocas duras, incluso, cosas de las que no estamos orgullosos; y yo te digo: sí, es cierto, ¿Y qué? No ignores ese dolor, no ignores esa frustración que sientes hacia ti, párate y pregúntate: qué y cómo puedes hacer para mejorar, y ponte a ello sin dudarlo. Deja de criticarte constantemente, se amable y comprensivo cuando te enfrentes a errores personales; todos erramos, y como has leído antes, de todo se aprende. El único hombre que no se equivoca, es el que nunca hace nada

4. **Busca apoyo siempre que lo necesites**

No es justo que sufras en silencio, no necesitas afrontar tú sol@ las situaciones negativas que se te pueden presentar. Buscar apoyo en tus familiares y amigos no sólo te ayudará a afrontar mejor la situación, sino que las relaciones con ellos también se verán fortalecidas; el simple hecho de compartirlo te ayudará, hazlo y verás cómo lo notas.

5. **Todo pasa**

La única constante en la vida es el cambio, y al igual que todo, las situaciones negativas y desagradables también pasan. Lo que debes hacer, es quedarte con todo lo positivo y útil de esa situación desagradable (una lección aprendida, una prueba a tu capacidad de recuperación y adaptación) y saber cómo afrontarlo para no olvidar nunca, que, hasta los peores momentos, también tienen su fin.

Las malas experiencias, son oportunidades que nos da la vida para demostrarnos que cada día, podemos superarnos a nosotros mismos y a los retos que nos plantea. Levántate, vístete y sal ahí fuera, demuestra al mundo que valoras tu vida, y vas a luchar por exprimirla al máximo.

La actitud mental positiva es aquello que marca la diferencia a la hora de disfrutar de las oportunidades que nos da la vida; Y es que, hay personas que, sin saberlo, se centran siempre en lo malo, sin darse cuenta de que el tiempo que pasan lamentándose es algo con lo que se auto sabotean. Es cierto, que el mundo está lejos de ser un lugar perfecto, hay mucho en él que debe ser arreglado, pero eso no significa, que sea imposible ser feliz con lo que hay.

Está claro, que, para sentirse bien, es muy importante tener acceso a ciertos recursos básicos, pero también es verdad, que, teniendo las mismas cosas, hay grandes diferencias en el modo en el que las personas aprecian lo bueno que les ocurre. Una parte de la felicidad, tiene que ver con las necesidades básicas objetivas y materiales, mientras que otras, están relacionadas con la mentalidad, la gestión de la atención y la frecuencia con la que se tienen pensamientos positivos. Veamos, cómo podemos contribuir a disponer de esta parte más subjetiva y privada del bienestar.

• No confundas pesimismo con realismo: en los momentos en los que nos sentimos mal, tendemos a verlo todo desde un punto de vista pesimista; en estos momentos, es muy frecuente creer que todo lo que nos haga sentir bien es un engaño, y que la realidad, está caracterizada por el dolor y el malestar. Claramente, este pesimismo es un sesgo, una manera de deformar la interpretación de lo que nos ocurre; es por eso, que no hay que caer en la trampa de creer, que la felicidad es una ilusión.

• Orienta tu pensamiento hacia objetivos concretos: si trazamos planes realistas, cuyos resultados puedan ser valorados a corto plazo, tendremos la posibilidad de alegrarnos con frecuencia, pero lo mejor de hacer esto, no se basa en esos momentos de entusiasmo y alegría que ocurren al llegar a un objetivo, lo mejor, es tener una fuente motivacional.

• Rodéate de personas con actitud positiva: la manera de pensar y de sentir se contagia con gran facilidad, por eso, merece la pena disponer, de círculos sociales en los que prime el optimismo y la actitud mental positiva. Si tenemos estímulos que susciten alegría, diversión u optimismo, es más fácil que esta manera de pensar, cobre vida en uno mismo, y la empecemos a reproducir automáticamente, de manera autónoma.

• Lánzate hacia proyectos a largo plazo: además de tener siempre en mente pequeños objetivos, es importante tener uno de largo alcance; de esta manera, tenemos una finalidad general, que guía nuestros actos, y que nos da la posibilidad de pensar, en ese futuro mejor que queremos construir. Es cierto, que parte de los problemas de tristeza y malestar psicológico, se deben a no pensar en el aquí y ahora, pero también es verdad, que, si nos planteamos finalidades más ambiciosas, tendremos una sensación de progreso, que nos permite esperar con ilusión ciertos hitos.

• Ayuda a otros sin esperar nada a cambio: muchas personas ayudan a otras esperando que estas hagan algo muy concreto por ellas para compensar. Esta clase de chantajes encubiertos, son totalmente perjudiciales para todo el mundo; sin embargo, ayudar por el placer que esto produce, es algo distinto. El ser humano es empático, y por eso, ver el alivio y el agradecimiento en los demás, es una manera de tener muchos más motivos para sonreír.

• Distánciate de las opiniones negativas: las opiniones negativas, no tienen por qué ser desacertadas por el simple hecho, de no darnos motivos para alegrarnos; sin embargo, es bueno saber distanciarse de ellas, ponerlas en cuarentena, muchas de ellas son emitidas con el fin de herir, o simplemente, para expresar una actitud o defender una ideología yendo en contra de otra. Así, debemos quedarnos solo, con el posible valor informativo de esta clase de mensajes, no centrarnos solo, en cómo nos hacen sentir. Ver el contexto es importante, así que, también es importante valorar la posibilidad de que la intención de quien las expresa no sea expresarse honestamente. En caso, de que sí sea lo que piensa, es bueno separar opiniones de razonamientos.

• En definitiva, para tener una actitud más positiva, es importante no ponernos trabas a nosotros mismos, dejando que la desesperanza nos atrape y nos lleve a ver las cosas desde un sesgo negativo; para ello, hay que trabajar en el día a día hacia objetivos claros y realistas, y elegir entornos sociales que nos lleven a dar lo mejor de nosotros mismos.

Capítulo 10
EDUCACIÓN FINANCIERA

*"Quienes creen que el dinero lo hace todo,
terminan haciendo todo por dinero"*

Voltaire

William Henry Gates III, nació en Seattle, en el Estado de Washington, en el seno de una acaudalada familia. Hizo sus estudios primarios en la escuela privada Lakeside, en donde conoció la primera computadora, ya que, por ser una escuela de élite, era de las pocas que, en 1968, tenía el privilegio de contar con esa herramienta electrónica.

Estudió en la Universidad de Harvard, aunque no llegó a graduarse, desde allí, comenzó junto con su amigo de la infancia, Paul Allen, la empresa Microsoft, que se dedicaba a crear programas informáticos para empresas e instituciones públicas y privadas. En 1976 se muda a Alburquerque, México, donde trabajó con MITS, una empresa que fabricaba calculadoras electrónicas, allí suministra programas en el lenguaje Basic para microordenadores. Ese mismo año, formaliza la fundación de Microsoft Incorporation.

En 1980, Bill Gates acordó con IBM suministrarle un sistema operativo que se adaptara a ordenadores personales. A partir de este momento, la empresa Microsoft, no paró de tener éxito, ya que, es un sistema que procesa textos, hojas de cálculo, juegos, entre otras cosas.

Pero, Bill Gates también tiene otras facetas, una de ellas es su pasión filantrópica, en la que también le acompaña su esposa Melinda. En el 2009 crea la fundación Giving Pledge, junto con el también multimillonario Warrent Buffet. Esta fundación tiene como propósito donar la mitad de su dinero a organizaciones y acciones con fines benéficos. También creó la Fundación Bill y Melisa Gates, que impulsa campañas para prevenir el sida en la India; esta campaña se desarrolla con 200 millones de dólares desde 2004.

Este empresario del mundo de la informática, también ha ganado premios y reconocimientos. En 1985 estuvo en la lista de los 50 solteros más codiciados de la revista Good Housekeeping, también ganó el premio Príncipe de Asturias de Cooperación Internacional 2006. Bill Gates, es un ejemplo de emprendimiento, tenacidad e inteligencia, su fortuna ha sido empleada para el desarrollo y bienestar de la humanidad y es hoy, una figura destacada no solo por la empresa que fundó: Microsoft, sino, también por su espíritu desprendido y humanitario.

La Inteligencia financiera, es la habilidad y capacidad que podemos desarrollar para optimizar y multiplicar nuestros ingresos; cuando tienes inteligencia financiera, sabes organizar tu economía. La educación genera inteligencia financiera. Es mediante el conocimiento, que podemos experimentar un crecimiento ostensible de nuestros ingresos, además de estabilidad económica.

Una buena planeación financiera, en la que apartes una cantidad de tus ingresos para el ahorro, significa que estarás preparado para enfrentar eventualidades, como una enfermedad, o en posición de adquirir el auto que deseas o tomar las vacaciones ideales.

Para poder alcanzar tu independencia financiera, cuanto antes, en la vida, necesitas accionar una serie de palancas y conocer los seis principios básicos de la educación financiera. Si los conoces y los aplicas en tu día a día, lo conseguirás. Son fáciles de entender y, sin embargo, pocas personas los usan en finanzas personales y mucho menos, en sus emprendimientos empresariales. Distintos estudios sobre los hábitos de inversión de los ahorradores alrededor del mundo, han puesto de manifiesto la peligrosa combinación de conocimientos financieros limitados y un asesoramiento externo poco profesional.

Para aprender algo nuevo, se necesita más que la repetición de hechos y definiciones para entender realmente la cultura financiera en el nivel necesario a fin de ser exitoso. Los expertos, saben que hay 6 niveles que entran en juego en el aprendizaje cognitivo – que es el tipo de comprensión que realmente se necesita. Para la aplicación de estos 6 niveles de aprendizaje de las finanzas, tenemos que:

- Conocer los términos y conceptos básicos, relacionados con un tema financiero en particular.
- Comprender ese tema a un nivel en el que realmente se entienda el concepto, y cómo es aplicable en su vida diaria.
- A continuación, aplicar ese conocimiento a sus propias finanzas, para que pueda construir y hacer crecer una base financiera sólida.

- Una vez aplicado, usted analiza el impacto de las acciones que tomó y las ajusta según sea necesario. Aquí, es donde usted presta atención a los pequeños detalles que pueden hacer o romper su estrategia.
- Una vez, que has ajustado la aplicación, la sintetizas en tu plan financiero general. (La síntesis es esencialmente donde, ajustas un tema específico en el entramado global.)

Por último, ya estás listo para evaluar tu éxito en ese tema en particular, para que puedas volver nuevamente a ganar más conocimiento o pasar al siguiente tema que necesitas para comprender e incorporar en tu vida financiera cotidiana.

Cualquiera que sea tu plan de vida, y en la etapa del mismo en que estés, la realidad, es que unas finanzas personales sanas significan tranquilidad, y la realización de tus sueños, Sin importar cuál sea tu objetivo, sigue estos principios básicos para incrementar tu inteligencia financiera:

1. Cuestiona tus creencias
Tus creencias limitan tu capacidad de crecimiento. Tu visón sobre el dinero tiene su origen en los criterios que te inculcaron en la infancia, además, en algunas ideas que la sociedad impulsa. Por ejemplo, relacionar la riqueza con corrupción, impide que puedas ver con naturalidad el crecimiento económico. Modificar estas creencias, es el inicio de una transformación que te dirige hacia un cambio positivo.

2. Encuentra un mentor
Seguir el camino que otro ya recorrió, siempre es mucho más fácil. Un mentor, puede ser de gran ayuda para entender los pasos que debes dar para desarrollar inteligencia

financiera. Si quieres tener presente en qué invertir en Colombia, es necesario, tener la información apropiada que brinda un especialista.

3. Pon en orden tus finanzas cotidianas

La gente inteligente financieramente, sabe en qué puede gastar y en qué periodos de tiempo. Mantiene un orden de sus gastos e ingresos para, de ese modo, tomar medidas sabias sobre la forma en que usa el dinero.

4. Ponte objetivos financieros mes por mes

Cuando te pones metas te concentras en materializarlas, ahorrar una cantidad específica por mes, invertir un monto establecido, entre otros, son objetivos realizables. Estos objetivos, permiten experimentar un avance en los beneficios adquiridos año tras año.

5. Crea más fuentes de ingresos

Tener varias fuentes de ingreso, impedirá que tengas carencias económicas. Lo que es útil, a la hora de pagar servicios, el impuesto sobre la renta y las tarjetas de crédito.

6. Inteligencia financiera: empieza a invertir

Invertir, es un complemento para los ingresos del presente y tu estabilidad en el futuro. Más allá, de un fondo de pensiones y cesantías, tener inversiones, es la puerta para vivir mejor en el futuro. Busca opciones entre las nuevas propuestas que brinda la tecnología.

7. Concéntrate en las experiencias

La gente con inteligencia financiera, posee un patrón de consumo racional. No vive para gastar ni relaciona a los placeres de la vida con el consumismo. Las experiencias, son más importantes que los patrones de consumo.

8. Tomar un curso es parte de la inteligencia financiera

Estudiar sobre finanzas y economía, es siempre una forma de potenciar una habilidad. En el caso de las finanzas personales, es esencial para entender conceptos que en principio pueden parecer complicados.

9. Juega

Existen, infinidad de juegos de mesa y online que pueden ayudarte a entender el mundo de las finanzas. Hacerlo de este modo podría ser mucho más divertido.

10. Lee

El aprendizaje puede llegar a ser un seguro todo riesgo. Los mayores expertos en el área, han puesto sus conocimientos en libros e investigaciones públicas. ¡Actualiza tus conocimientos! La Inteligencia financiera es tu aval para vivir de una forma equilibrada, y gozar de estabilidad financiera. Está en tus manos, utilizar apropiadamente tus ingresos.

La vida financiera no es sólo un gran bulto homólogo, es un motor bien engrasado, que te ayuda a seguir adelante, y tiene una gran cantidad de piezas que van a hacer que funcione sin problemas. Con esto en mente, puede ser útil, para abrir el conjunto en diferentes áreas, a fin de que puedas saber dónde y cómo tienes que centrarte para ampliar su comprensión.

Lo he dividido en ocho categorías básicas:

El presupuesto: representa tu capacidad para comprender los temas que se relacionan con la gestión diaria del dinero. Incluye conceptos como: fuentes de ingreso, gastos fijos/flexibles/ discrecionales, obligaciones de pago mensuales.

El ahorro: es tu capacidad para guardar dinero y asignar fondos para invertir en tu futuro; eso significa, que tienes que entender conceptos como: cuentas de ahorro, intereses, rendimientos, e incluso, los temas de inversión como la de los valores.

Necesidades básicas de gestión: es donde tienes la capacidad de manejar todos los costos relacionados con las necesidades de la vida, como la vivienda y el transporte. Esto significa, la gestión de la factura mensual, e incluso, la comprensión sobre los seguros.

Banca: se refiere a los detalles finos de la gestión de tus cuentas. Esto significa que necesitas tener la capacidad de entender tus cuentas, cómo funcionan, y los cargos, tasas o términos que son aplicables.

La gestión de costos: del cuidado de salud, puede ser complicado, porque se trata de temas complejos de comprensión, tales como, son los seguros médicos, los deducibles y los niveles de cobertura. Los costos médicos tienen maneras de romper, incluso, los presupuestos más estables, si no tienes una buena base de conocimientos sobre este tema.

La gestión de la deuda: es tu capacidad para asumir de forma efectiva la deuda, entender los términos y las tarifas que se aplican a cosas como los préstamos y tarjetas de crédito. Sin una comprensión sólida, la deuda puede fácilmente abrumar tus finanzas.

La gestión del crédito: es tu capacidad para administrar y mantener tu perfil de crédito. Eso incluye, tu puntaje de crédito, reportes de crédito, y cómo interactuar con las agencias de crédito si tienes un problema. Las leyes están en constante evolución para cambiar la gestión del crédito.

La Planificación de la jubilación: en realidad, incorpora varios de los temas anteriores, como son el presupuesto y el ahorro, pero luego, aplicados a la planificación financiera a largo plazo que se requiere para la estabilidad en tus años dorados. Tienes que entender conceptos especiales como, 401 (k) y cuentas **IRA** y su correspondencia con los programas de los empleadores.

Con un conocimiento en estas ocho áreas, deberías ser capaz de lograr la estabilidad financiera y superar los desafíos típicos que consumidores y emprendedores pueden enfrentar en sus vidas financieras del día a día.

Las finanzas personales, no son algo que a la mayoría de nosotros nos hayan enseñado en la escuela – y si así fue, sólo recibimos algunas lecciones básicas, es más, con la rápida expansión de la tecnología, algunas de las lecciones que aprendimos, ni siquiera son aplicables; por ejemplo, muchos adultos de mayor edad pueden haber aprendido cómo balancear una chequera –, una habilidad crítica hace unas décadas, que casi no aparece en el mundo de hoy.

Así que, sin una educación adecuada, la mayoría de nosotros empezamos la vida muy retrasados cuando se trata de la educación financiera, y entonces, el problema se ve agravado por la rapidez con que el mundo financiero está evolucionando. Como resultado, a menudo, nos apoyamos en nuestros padres, por el conocimiento que necesitamos, y por lo que ellos aprendieron todo lo que saben, de la misma manera.

En resumen, si te vas a iniciar en el mundo de la educación financiera, hay tres pasos fundamentales que debes tener en cuenta:

1. Iniciar una cultura del ahorro

El ahorro, es fundamental para garantizar una capacidad futura, que permita hacer frente a imprevistos, o bien, financiar proyectos personales o profesionales. Según el informe, ¿Por qué educar en economía familiar y empresarial? publicado en la página del centro para la educación y capacidades financieras de BBVA: "Una tasa de ahorro notable, es de crucial importancia para el crecimiento económico de un país, sin ahorro, no hay recursos para financiar inversión, sin inversión no hay desarrollo y sin desarrollo no hay crecimiento".

Si los ingresos permiten, conviene dejar un porcentaje para ahorro cada mes y destinar a una meta específica para motivarse. Los objetivos pueden ser a corto, medio o largo plazo. Los expertos recomiendan ahorrar un 20% del salario. Otra forma práctica es, utilizando el servicio de ahorro programado 'Mis metas' de BBVA que se puede contratar en minutos desde la página o la app, y permite acumular una cantidad de dinero mensual en una 'alcancía virtual'.

2. Planificación económica y financiera

Dada la situación económica actual y las previsiones, es necesario que las personas empiecen a tomar conciencia, y planifiquen de forma proactiva sus recursos económicos, para así, aumentar la calidad de vida y lograr gestionar presupuestos de forma eficiente, comprar una casa, asegurarla o afrontar imprevistos.

Así como las empresas realizan una planificación financiera, también los individuos pueden hacerlo definiendo objetivos claros, manejando un presupuesto personal, estableciendo y ejecutando una buena estrategia, y, por último, analizar su evolución.

3. Uso responsable de productos financieros

Las personas sin conocimientos financieros, no podrán elegir ahorros o inversiones adecuadas, por ello, es fundamental conocer conceptos financieros básicos, así, como los servicios que ofrecen las entidades bancarias para tomar decisiones acertadas, con respecto a productos como tarjetas de crédito, préstamos y cuentas de ahorro.

Como todo, el llevar una buena planeación financiera requiere esfuerzo y perseverancia, no bajes la guardia, y mantente al corriente de tus cuentas por pagar, cubriendo las cuotas de ahorro que te asignaste; seguramente, disfrutarás los frutos que recojas al final.

La razón más poderosa para ser conscientes de esta información, es que, sin conocimiento, no hay criterio y sin criterio somos carne de cañón para caer en los engaños de quien publica datos falsos o incompletos, principalmente, porque ni siquiera caemos en la cuenta de su sesgo.

La educación financiera, permite cambiar el rumbo de la vida de cualquier persona, y el origen de esto, se sustenta sobre la comprensión de la información, que facilita la toma de decisiones propias, en lugar de relegárselas a un tercero, excusándonos en que "no sabemos" o "no entendemos".

Nuestra economía particular, es demasiado importante, como para dejar que otro tome decisiones que nos afectan a nosotros.

EL CUADRANTE DEL FLUJO DEL DINERO

El cuadrante del flujo del dinero es un concepto extraído de un libro del mismo nombre escrito por el empresario Robert Kiyosaki, que detalla cuatro formas de ganar dinero en la sociedad actual. El autor e inversionista estadounidense, asegura que, entre estas cuatro formas de obtener ingresos, dos son efectivas, mientras que las otras dos, son muy limitadas.

Según Robert Kiyosaki, existen cuatro mentalidades que se traducen en formas de ganar dinero. Estas cuatro formas las describe en un esquema con forma de eje cartesiano con cuatro cuadrantes: Empleado (E), Auto empleado (A), Dueño de negocios (D) e Inversionista (I). Todas las personas estamos obligatoriamente en alguno de estos cuatro cuadrantes.

La primera forma de obtener ingresos, es la de empleado, que, en su definición, es una persona que comercia con su tiempo. Robert Kiyosaki explica que esta relación es la peor de las cuatro, porque un empleo no es un activo (no se puede vender y no es heredable). En crisis financieras, el empleo es golpeado con mayor fuerza, se vuelve inestable y poco seguro.

La siguiente forma de ganar dinero es el autoempleo (los emprendedores) que dedican su tiempo a un negocio propio, y que ese mismo tiempo, que consagren al negocio, será un factor fundamental para el nivel de sus ingresos. De acuerdo con Kiyosaki, el ser emprendedor tiene ventajas sobre ser empleado, pero si se falta al trabajo, ¿de dónde vendrá el dinero?

El también conferencista, afirma en su libro, que el empleo y el autoempleo son las formas menos efectivas para ganar dinero, y ubican a las personas que las eligen entre 97% de la población.

La tercera forma de ganar dinero, y que se encuentra entre una mínima porción de la población, es la de empresario. Se trata de una persona que creó o heredó un método sistematizado para ganar dinero por medio de un negocio. Su tiempo es flexible y tiene a otras personas como trabajadores. El problema, es la baja probabilidad de que esos casos ocurran.

La cuarta forma de ganar dinero, y la más efectiva para Rober Kiyosaki, es la de inversionista, quien es una persona, que hace que el dinero trabaje para sus intereses. Los ingresos de un inversionista no dependen de su tiempo ni de su esfuerzo, se trata de alguien inteligente, que pone su dinero a trabajar en negocios y esfuerzos que ya fueron hechos.

Por tanto, el cuadrante del flujo de dinero, representa las diferentes formas por las que se pueden generar ingresos, por ejemplo, un E, gana dinero en forma de salario trabajando para otra persona, mientras que un A, lo gana trabajando para sí mismo, ambos se encuentran en el lado izquierdo del cuadrante. En este lado, la mayoría son pobres o clase media.

Mientras tanto, un D, tiene una empresa en posesión que le genera dinero y un I, gana el dinero gracias a sus inversiones, es decir, pone al dinero a trabajar para él, ambos están en el lado derecho del cuadrante, que según Kiyosaki es el de los ricos.

EPÍLOGO

*"Practica siempre lo que dice el libro de la ley de Dios, medi-
ta en el siempre para que hagas lo que ahí dice
y todo te saldrá bien. Solo esfuérzate y se valiente,
no temas ni te desanimes porque Yahvé- Dios
estará contigo donde quiera que vayas"*

Josué 1: 8,9

En los 10 capítulos anteriores hemos repasado las habilidades, las herramientas y los secretos que muchos emprendedores y empresarios, incluido yo, hemos utilizado para
sacar nuestra mejor versión, alcanzar nuestros objetivos, y
superar nuestras propias expectativas.

Hemos leído pequeñas reseñas biográficas, que, con seguridad, nos inspiran y nos dan cuenta de: que quien quiere
puede, como reza el refrán de sabiduría popular; y es a
propósito de la sabiduría, que quiero terminar este libro.

Si hablo de herramientas de crecimiento personal y reinvención, y cito algunos libros y autores, tengo que hablar
necesariamente de las sagradas escrituras, porque en sus
páginas se esconden versos en los que Dios mismo, nos invita a transformarnos, a cambiar nuestra manera de pensar y superarnos.

No pretendo con estas líneas evangelizar, ni mucho menos,
pero sí, debo dar al cesar lo que es del cesar y a Dios lo que
le corresponde, y debo decir, que sea cual sea la idea que

tengas de Dios, te conviene estar en paz con Él, pues sin Su ayuda, ningún cambio y ninguna empresa es posible.

En el antiguo testamento, el profeta Isaías lo deja muy claro, cuando anuncia: los que esperan en el SEÑOR renovarán sus fuerzas; se remontarán con alas como las águilas, correrán y no se cansarán, caminarán y no se fatigarán. (Is 40:31); por ejemplo, en la carta que el apóstol Pablo escribe a los romanos, dice: "No se amolden al mundo actual, sino sean transformados mediante la renovación de su mente, así, podrán comprobar cuál es la Voluntad de Dios, buena, agradable y perfecta" (rom 12:2).

En la carta a los colosenses (3: 9-10) "Dejen de mentirse unos a otros, ahora que se han quitado el ropaje de la vieja naturaleza con sus vicios, y se han puesto el de la nueva naturaleza, que se va renovando en conocimiento a imagen de su creador."

Efesios (4:23) también dice: y que seáis renovados en el espíritu de vuestra mente.

La biblia, es quizá el libro más antiguo, acerca de liderazgo al que tengamos acceso y algunos versículos nos recuerdan lo que vimos en el capítulo 5 de este trabajo; miremos 1 Pedro 5:3. *"No, como teniendo señorío sobre los que os han sido confiados, sino demostrando ser ejemplos del rebaño."*

Este versículo es de la carta a los hebreos 13:7 "Acordaos de vuestros guías que os hablaron la palabra de Dios, y considerando el resultado de su conducta, imitad su fe".

Y en general, el libro de los Proverbios, cuya autoría se atribuye a Salomón el Rey del pueblo judío, reconocido por tener el don de la sabiduría, nos da tips, consejos y herramientas, sobre cómo liderar tu vida, incluso, cómo manejar tus finanzas, porque Dios te quiere prospero; miremos estos 4 versículos:

1 Timoteo 5:8: *«porque si alguno no provee para los suyos, y especialmente para los de su casa, niega la fe, y es peor que un incrédulo»*.

Lucas 16:11: *«Porque si en el manejo de las riquezas injustas, ustedes no son confiables, ¿quién podrá confiarles lo verdadero?»*.

Proverbios 13:22: *«Es bueno dejar herencia a los nietos; las riquezas del pecador las hereda el hombre justo»*.

Proverbios 21:20: *«Riquezas y perfumes hay en la casa del sabio; en la casa del necio sólo hay despilfarro»*.

De hecho, al considerarnos la máxima creación de Dios, la biblia se convierte en el manual de instrucciones que acompaña dicha creación, así que, bien vale la pena su lectura y estudio. Debo, sin embargo, retomar el hilo para terminar este trabajo:

El arte de reinventarse, es (generalmente) fruto de algún detonante, no es algo que las personas hagamos por gusto, y lo cierto es, que ya sea para reinventarte a los 40 o para dejar tu etapa universitaria e incorporarte al mercado laboral, necesitas realizar un viaje interior.

Reinventarse consiste en cambiar nuestra forma de pensar, sentir y actuar y para ello, hay que salir de nuestra zona de confort, lo que genera miedo, y, en ocasiones, angustia, pero no se trata de cambiar quiénes somos, sino de trabajar en nosotros mismos sin perder nuestra esencia; para cambiar, es necesario tiempo, voluntad y determinación, es una tarea que requiere una dedicación constante, no se trata de hacer un simple cambio de look, sino que se trata de cambiar tu forma de actuar con el objetivo de obtener unos resultados diferentes. Debes aprender a aprovechar las oportunidades, incluso, en los malos momentos.

Reinventarse en la vida cotidiana es una inversión que inevitablemente nos llevará a conseguir un objetivo muy ansiado: alcanzar la felicidad. Para ello, lo que tienes que hacer es cambiar tu actitud al enfrentarte a las dificultades diarias.

Por supuesto, querido amigo lector, que tienes aquí solo una pequeña guía para empezar, pues, una vez decides esculpir la mejor versión de ti mismo, inicias un camino que no termina jamás, ánimo pues, haz tu inventario, empieza a esculpirte, reconoce de qué estás hecho, para llegar hasta donde quieras, permite que Dios te acompañe y no permitas que nada te detenga.

2022

www.ingramcontent.com/pod-product-compliance
Lightning Source LLC
LaVergne TN
LVHW091709190726
843493LV00001B/225